Rheinholzer – die andere Generation

Rheinholzer –
die andere Generation

Herausgegeben von Kuno Bont

Alpenland Verlag

1. Auflage 2011
© 2011 Alpenland Verlag AG, Schaan

Herausgeber: Kuno Bont, Werdenberg
© für die Texte bei den Autoren
ISBN 978-3-905437-18-8

Gestaltung: Gutenberg AG, Schaan
Satz: Simona Specker, Werdenberg
Litho: Gutenberg AG, Schaan
Druck: Gutenberg AG, Schaan
Bindearbeit: Buchbinderei Burkhardt AG, Mönchaltorf
Papier: 170 g/m² Munken Lynx, naturweiss, leicht geglättet
Verlag: Alpenland Verlag AG, Feldkircher Strasse 13, FL-9494 Schaan
Internet: www.alpenlandverlag.li, www.buchzentrum.li

Inhalt

Vorwort

Als ich im Jahr 2002 den Film «Die Rheinholzer» drehte, musste aufgrund der herrschenden Situation davon ausgegangen werden, dass die Weiterexistenz der Rheinholzerei gefährdet sei. Viele der Rheinholzer waren schon damals ältere Herren oder zumindest im «besten Alter». Nachwuchs drängte sich kaum auf. Das grosse Freizeit- und Eventangebot der neuen Zeit hatte auf die Jugendlichen wesentlich grössere Anziehungskraft, als die alte Tradition der Rheinholzer. Rheinholzen war «out», und für die wenigsten eine ernst zu nehmende Alternative.

Auch die Rahmenbedingungen für die Rheinholzer verschlechterten sich zusehends. Das Rheinholzen mit dem Boot, der meiner Meinung nach spektakulärsten Art des Rheinholzens, war zu jenem Zeitpunkt schon ausgestorben und konnte für den Film nur mit Müh und Not nochmals aktiviert werden. Der Grund dafür, dass seit Jahren niemand mehr mit dem Boot in den hochgehenden Rhein hinausfuhr, und so nach Schwemmholz fischte, lag nicht bei den Rheinholzern selber, sondern an den örtlichen Gegebenheiten. An der Widnauer Wuhr, dem letzten Reduit der rudernden Rheinholzer, wuchsen die Stauden so hoch, dass das Hantieren mit dem Boot gänzlich unmöglich wurde. Alle Appelle an die Rheinbauleitung, die Stauden zu schneiden, nützten nichts. Die Rheinholzer sassen am kleineren Hebel. Das Gebüsch kam nicht weg und so blieben auch die Rheinholzerschiffe zuhause. Ein herber Rückschlag für die Rheinholzerei im Rheintal.

In den letzten 10 bis 15 Jahren hat sich die Situation dann erfreulicherweise gewandelt. Dank der zunehmenden Publizität sprach sich herum, dass Rheinholzen eben doch «cool» ist. Ob an dieser Erkenntnis auch ein Hauch von Lokalpatriotismus mitschwingt, kann nicht bewiesen werden, ist aber sehr wahrscheinlich. Der Adrenalin-Kick im urbanen Umfeld, bei Wind und Wetter, das damit verbundene Kräftemessen mit Gleichaltrigen, war beim genaueren Hinsehen für manchen Jugendlichen doch viel nachhaltiger als Computerspiele oder die immer gleichen Partys. Die Jungen kamen deshalb an den Rhein zurück und fanden hier sogar Vorbilder. Die Alten liessen sie gewähren und freuten sich an der Verstärkung, auch wenn sie manchmal Mühe hatten, es offen zu zeigen.

Das Rad der Zeit ist dadurch nicht zurückgedreht worden. Die heutigen Rheinholzer haben einen anderen Hintergrund als ihre Vorgänger. Sie sind mobiler und viel kommunikativer. Sie nützen den Fortschritt des medialen Zcitalters voll aus und holen sich ihre Informationen über den aktuellen Wasserstand oder die besten Wetterprognosen aus dem Internet und nicht mehr aus dem Hundertjährigen Kalender. Sie ersparen sich so auch den stündlichen Gang an den Rhein und das ewige auf der Hut sein ihrer Vorfahren. Zudem fahren sie nicht mehr mit dem Fahrrad an die Wuhr, sondern mit ihren rassigen Autos.

Draussen am Rhein hat dann die Bequemlichkeit aber auch bei ihnen ein Ende. Rheinholzen ist und bleibt eine körperlich anstrengende Arbeit. Es gibt an der Wuhr kein schützendes Dach über dem Kopf. Für Stubenhocker ist diese Welt also nichts. Und gemessen wird an der Leistung. Nur die besten Werfer bekommen Anerkennung. Viele Rheinholzer der anderen Generation haben inzwischen gelernt mit dem Wurfhaken umzugehen, die geheimnisvollen Zeichen des Rheins zu deuten und das Wetter richtig einzuschätzen. Auch die alten Gesetzmässigkeiten der Rheinholzerei werden akzeptiert. Hier sind die Regeln ein Teil der Existenz. So bezeichnet der Rheinholzer noch immer seinen neuen Besitz mit einem Stein, den er auf den erbeuteten Stamm legt. Eine Geste, mit der sich der Kreis der Generationen schliesst. Das zeigt auch dieses Buch.

Kuno Bont

Die Rheinholzer

Zu seiner unkorrigierten Zeit hat der Rhein den Talbewohnern hüben und drüben schwer zu schaffen gemacht. Nicht selten vernichtete er mit seinen Eskapaden innerhalb von wenigen Augenblicken die ganze Ernte und setzte weite Landstriche unter Wasser. Verständlich, dass unter diesen Umständen keine grosse Liebe zum Fluss entstehen konnte, der ihnen zwar den Namen gab, aber sonst nicht mehr. Im Gegenteil: Die von der Naturgewalt des Rheins geknechteten Talbewohner auf beiden Seiten des Rheines grollten arg über die misslichen Verhältnisse. Genutzt hat es ihnen nichts, bei vielen war und blieb Schmalhans Gast am Mittagstisch.

Eine der wenigen Gelegenheiten, dem Rhein auch einmal etwas wegnehmen zu können, war die Rheinholzerei. Sie erlaubte dem Mutigen mit Geschick und Kraft den Holznotstand zu überwinden und sich für den Winter und den Alltag einen eigenen Holzvorrat anzulegen. Das stehende Holz war weitgehend im Besitz der besseren Leute oder der Gemeinden und der Korporationen und blieb somit für das einfache Volk fast unerreichbar. Gross war deshalb die Zahl derer, wie alte Fotos beweisen, die bei Hochwasser zum Rheinholzen gingen.

Herrenloses Holz

Die Ursprünge der Rheinholzerei gehen zum Teil auf die Flösserei zurück, die bis ins 19. Jahrhundert auf dem Rhein Waren transportierte. Das Holz schwamm in Form der Flösse den Rheintalern förmlich entgegen. Verdient haben die Flösser an der mitgebrachten Fracht, selten jedoch am geflössten Holz. So war es eine bekannte Tatsache, dass die Flösser ihre Flosse in Rheineck meist zu Spottpreisen verkauften. Dabei diktierten nicht sie, sondern die Rheintaler die Preise. Die Überlieferung berichtet auch davon, dass schon zu dieser Zeit die Talbewohner bei Hochwasser ange-

Herrenloses Holz auf der Sandbank – bis die Rheinholzer kommen.

schwemmtes Holz sammelten. Aus dem Jahre 1920 gibt es gar eine Flösserverordnung, die noch heute gerne zur Legitimation der Rheinholzerei und der Holzansprüche der Rheinholzer herangezogen wird. Darin heisst es: «Flöss- und anderes Holz, sei es verarbeitet, gezeichnet oder nicht, das durch Hochwasser oder andere ausserordentlichen Ereignisse weggeschwemmt wird, ist als Fundgegenstand anzusehen. Mit Bezug auf das aufgefangene Holz steht der Auffänger und mit Bezug auf das angeschwemmte Holz die betreffende Territorialgemeinde oder der, wem es zugeführt wird, in Recht und Pfichten des Finders. Holz von unbedeutendem Wert und Umfang gilt als herrenlos.»

Seither gibt es auf dem Rhein fast nur noch «herrenloses Holz von unbedeutendem Wert.» Wer es aus dem Rhein fischt, der legt nach alter Tradition einen grossen Stein darauf und macht sich damit das «Fundstück» zu eigen oder zersägt es möglichst schnell. Identifizierbares Rheinholz bleibt streng rechtlich Eigentum des Besitzers am Rheinoberlauf. Um seinen Besitzanspruch jedoch geltend zu machen, müsste dieser sein Eigentum vor Ort selber einfordern. Meist tut er das jedoch nicht. Zum einen ist ihm der Weg zu weit und die Rücktransportkosten sind zu hoch. Zum andern hat sich herumgesprochen, dass es leichter ist einem Hund seinen Knochen wegzunehmen, als einem Rheinholzer seinen schönen Sägestamm.

Rheinholzer am Werk

Auf die richtige Nase kommt es an, meinen die Erfahrensten unter den Rheintaler Rheinholzern. Man trifft sie zwischen St. Margrethen und Sevelen an. Um erfolgreich zu sein, müsse man den Rhein in- und auswendig kennen und eine Nase für das Wetter und das Rheinwasser haben, heisst es. So banal dies auch klingen mag, ein Stück Wahrheit ist wie immer daran. Wenn sich infolge von Unwettern oder Erdrutschen nämlich das Wasser im

Manche Rheinholzer sind heute so gut ausgerüstet, dass der Abtransport des Holzes kein Problem mehr ist.

Rhein zu verfärben beginnt, so ändert sich auch sein Geruch. Ist die Brühe, die dann das Flussbett herunter kommt, zäh und sandig, so riecht sie anders als das übliche Rheinwasser. Und weil die Ausspühlung der Bachbette schon immer der Vorbote der Ausschwemmung war, gehen die Erfahrensten der Rheinholzer noch heute davon aus, dass innert sechs Stunden nach Eintreten dieser Situation, der Rhein auch Schwemmholz bringt. Das sei genügend Zeit, um sich darauf einzustellen und die nötigen Vorbereitungen zu treffen.

Dann geht es wie ein Lauffeuer durch die Rheindörfer: «Dr Rhii kunnt!» Bei Tages- oder Nachtzeit gibt es für keinen Rheinholzer ein Halten. Der Drang zum Rhein wird so gross, dass sie alles stehen und liegen lassen. Gross ist auch die Zahl der Anekdoten, die in diesem Zusammenhang erzählt werden. Da soll einer von seiner Hochzeit weg zum Rheinholzen gegangen sein. Ein anderer steckte an der Vereinsversammlung

den obligaten Schübling in die Jackentasche und verschwand an den Rhein. Wieder andere sind nie dort angekommen, wo sie eigentlich angaben hinzugehen: Gewohnheitsgemäss schauten sie auf dem Weg kurz am Rhein vorbei und mussten zu ihrer Überraschung feststellen, dass der Fluss gerade Hochwasser hatte und halbe Wälder auf den Fluten daher trug. Und damit war es um sie schon geschehen und alles andere war vergessen.

Interessant ist in diesem Zusammenhang zu wissen, dass mehr als die Häfte der Rheinholzer offenbar während des ganzen Jahres ihre Rheinholzerutensilien im Auto liegen haben. Dazu gehören mindestens ein Wurfhaken, eine Anzahl Bisse und Seile, ein Fäustel und Regenbekleidung.

Der Rhein muss bis auf ein gewisses Mass angeschwollen sein, bevor er in seinen meist gelbgrauen Fluten Schwemmholz mitführt. Oft kommt der Holzsegen wie auf einen Schlag, Stück an Stück. Begleitet von einem mächtigen Brummen

des Flusses. Nun bestätigt sich, wer sein Handwerk versteht. Der Holzsegen kann zwei, drei Stunden dauern, oft aber auch eine ganze Nacht oder einen Tag.

Das Rheinholzen beginnt

Die Rheinholzer sind mit Leib und Seele bei ihrer Sache. Wie Standbilder stehen sie mit den Wurfhaken an der Wuhr, suchen sich mit Kennerblick die stattlichsten Brocken aus und schleudern dann mit viel Schwung den Haken nach der Beute. Mit einem grellen Zischen wickelt sich das fein säuberlich zurechtgelegte Seil ab, spannt sich, und der Werfer beginnt seine Beute während er ihr auf der Wuhrstrasse nachrennt, mit kräftigen Zügen ans Ufer zu zerren. Helfer – meist ist die ganze Familie dabei – rennen mit und sobald das Holz am Ufer ist, wird es mit Eisenbissen und Drahtseilen so gesichert, dass es der Fluss nicht mehr mitreissen

kann. Im Zeichen der Motorisierung sind viele Rheinholzer inzwischen auch dazu übergegangen, ihre Beute innert kürzester Zeit mit dem Traktor beiseite zu schaffen und damit definitiv zu sichern. Nicht selten kommt es nämlich vor, dass der weiter steigende Fluss das angebundene Schwemmholz wieder losreisst und schon war alles für die Katz.

Die Beute

Bis vor zwei Jahrzehnten wurde bei Hochwasser im Rhein auch noch mit Booten nach Schwemmholz gefischt. Zuletzt in Widnau. Dies ist wohl die spektakulärste, aber auch die gefährlichste Art des Rheinholzens. Nicht selten gab es Tote. Die Männer fuhren dann jeweils mit vier bis fünf Meter langen Booten in den reissenden Fluss hinaus und kaperten sich mit Seil und Haken die fettesten Brocken mitten in der schäumenden Gischt des wilden Flusses.

Rheinholzer brauchen nicht nur Mut, sondern auch Kraft und Durchstehvermögen.

Das erbeutete Holz fand früher ausschliesslich den Weg in die grossen und hungrigen Öfen der Rheintaler Familien. Wärme konnte überlebenswichtig sein. Noch heute wird Rheinholz zum Teil für den Eigengebrauch verwendet. Der Grossteil des Schwemmholzes aber wird zersägt, verkauft, und ganz schöne Brocken gehen in die Sägerei, um daraus Bretter machen zu lassen. Willkommen ist das Rheinholz in den Sägereien allerdings nicht sonderlich. Der Verschleiss der Sägeblätter ist deutlich grösser, als bei Holz, das stehend geerntet wird und nicht voller Sand ist.

Ein grosses und einträgliches Geschäft ist die Rheinholzerei aber beileibe nicht. Vielmehr sind es der Nervenkitzel und die Selbstbestätigung im Kampf mit dem Rhein, welche die Holzfischer bei Wind und Wetter an die Wuhr locken. Die meisten sind sich auch der Gefahr bewusst, der sie sich beim Rheinholzen aussetzen und beachten die überlieferten Vorsichtsmassnahmen strikte. Eine davon verlangt, dass man nie das Ende des Wurfhakenseils um das eigene Handgelenk wickeln darf. Reisst nämlich ein Stamm aus, kann er den Werfer mit ins Wasser ziehen und das könnte schlimme Folgen haben.

Besondere Vorsicht gebietet das Rheinholzen in der Nacht. Oft jagen die Rheinholzer dann ihre Beute nur im Mondlicht. Auch die neuerdings im Einsatz stehenden Scheinwerfer beleuchten das Aktionsfeld des Rheinholzers nur begrenzt. Rennen die Werfer mit ihrer Beute am Seil aus einer dieser beleuchteten Zonen in die angrenzende Dunkelheit, so ist dies ein Lauf ins Ungewisse. Oft ist es schon zu fürchterlichen Stürzen gekommen. Es braucht nur etwas im Weg zu liegen, oder sich dort ein Zuschauer zu befinden, so ist das Unglück

vorprogrammiert. Eine wilde Fluchtirade ist das Geringste, was in einer solchen Situation aus dem Dunkeln in die Nacht zurückhallt.

Marke Eigenbau

Sämtliche verwendeten Werkzeuge werden von den Rheinholzern nach streng gehüteten Geheimnissen selber angefertigt. Es gibt deshalb eine ganze Palette von Wurfhakenformen, Stangenhaken und Zabis. Hauptsächlich benutzt wird der meist vierarmige Wurfhaken mit scharfen Spitzen, die sich in das auf dem Fluss treibende Holz bohren. Es gibt aber auch ein- und zweiarmige Wurfhaken. Sie sind ebenfalls an ein leichtes Seil gebunden, das der Werfer in der Hand hält und mit dem er dann das getroffene Holz ans Ufer zieht. Es werden zudem lange Stangen, die vorne einen spitzen Widerhaken haben, zum Rheinholzen verwendet. Damit zieht der Rheinholzer kleine Trämel und Hölzer ans Ufer oder hilft dem Werfer seinen Fang zu sichern.

Die Rheinholzerinnen

Eigentlich war Rheinholzen noch nie eine reine Männersache. Die Rheinholzer waren immer um jede Hand froh. Oft sind ganze Familien im Einsatz. Tatsache ist heute aber, dass es wenig Frauen an der Wuhr gibt, die mit dem Wurfhaken nach dem Schwemmholz werfen. Ihr Werkzeug ist da schon viel eher der Stangenhaken oder der Zabi. Beobachtet man die Rheinholzer bei ihrer gefährlichen Arbeit, so stellt man schnell fest, dass ein gutes Teamwork die Hauptvoraussetzung für einen erfolgreichen Einsatz ist. Es fällt unter den Beteiligten kaum ein überflüssiges Wort und alle wissen, wie der Hase läuft. Dauert der Einsatz länger, ist schon bald einmal ein Schluck wärmender Kaffee gefragt. Das wiederum ist dann eine Sache für die Frauen.

Seit Herbst 1989 sind die Rheinholzer auf der Schweizer Seite «organisiert». Die anfänglich von einer handvoll Leuten gegründete Rheinholzervereinigung erfreut sich heute zunehmender Beliebtheit und zählt inzwischen über 50 Mitglieder, darunter auch viele jüngere. Einen Präsidenten hat die Vereinigung nicht – hier heisst der oberste Boss ganz einfach «der Chef».
Kuno Bont

Der Gnadenstoss für einen Baumstamm, der bei Vaduz ans Land gezogen wird.

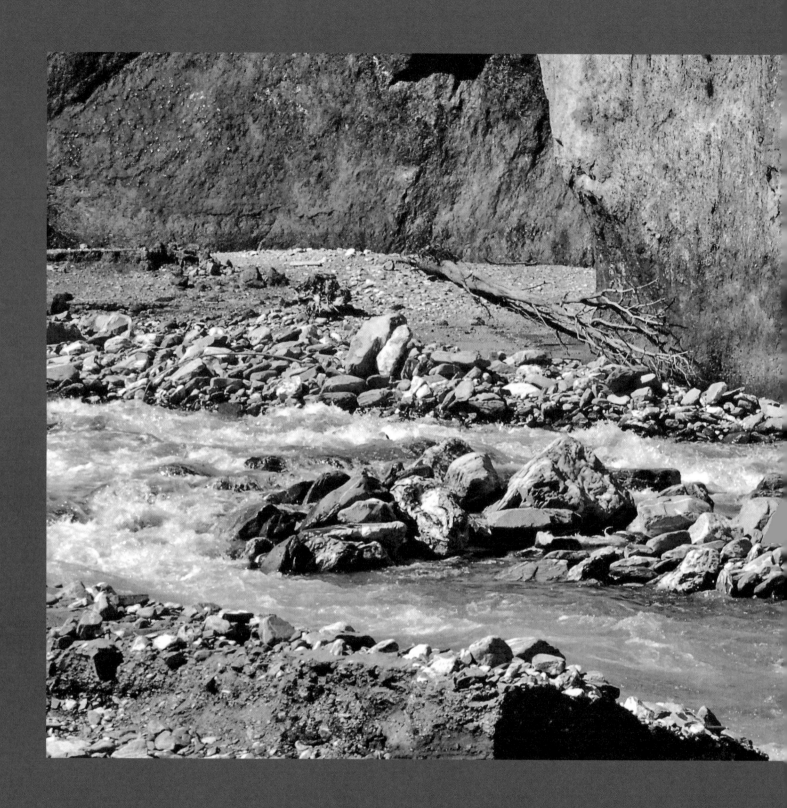

Die Hassliebe der Rheintaler zum Rhein

Der Rhein ist mit 1320 Kilometern Länge und einem Einzugsbebiet von 252'000 Quadratkilometern Fläche einer der bedeutendsten Flüsse Europas und zugleich der grösste Fluss der Schweiz. Er war schon im Mittelalter ein wichtiger Handelsweg. Auch zwischen Rheineck und Chur befuhren ihn Kähne und Flösse. Sie transportierten hauptsächlich Kaufmannsgüter. «Auf die Flöze laden sie zu Chur Reissfässer und andere Stuk von Kaufmanns Waaren, fahren damit den Rhein hinunter bis auf Rheineck ins Rheintaal, alldorten laden sie aus, zerstucken ihr Flözerholz, verkaufens mit Nutzen und kommen wider mit ihren Flözer Axten an den Achseln heim, andere Flöze zu bereiten.»

Der Rhein als Zankapfel

Die Rheintalerinnen und Rheintaler haben seit jeher einen starken Bezug zum Rhein. Ganz früher hing ihr Wohlergehen zum grossen Teil von diesem Fluss ab. Er war es, der ihre Felder und Äcker im Tal bewässerte. Er war es aber auch, der mit seinem Hochwasser handstreichartig gleich darauf wieder alles vernichtete. Zu einer romantischen Liebe, wie sie allenthalben in Liedern und Gedichten aus Deutschland beschrieben wird, kam es so nicht. Zumindest in der Vergangenheit nicht. Wenn schon, war es wohl viel eher eine Art Hassliebe. Heute, wo der Rhein der Bevölkerung kaum mehr Probleme macht, sieht das etwas anders aus. Die heutigen Rheintalerinnen und Rheintaler schätzen den Rhein als einzigartiges Naherholungsgebiet, geniessen die Ruhe dort draussen und sprechen unter Fremden gerne auch mal recht patriotisch von «ihrem» Rhein.

Noch im 6. Jahrhundert war die Rheinebene südlich des Bodensees von einem grösstenteils aus Laubholz bestehenden Urwald bedeckt. Mitten durch diese Waldwildnis bahnte sich der Rhein seinen Weg. Eigenwillig strömte er bald hierhin, bald dorthin. Im Zusammenhang mit der Besiedlung des Rheintales wurden dann aber grosse Teile des Waldes gerodet. Und da er sich seinen Weg grad suchte, wie es ihm gefiel, begann der Mensch ihn schon sehr früh in eine Art offenes Bett zu zwingen. Mit wechselhaftem Erfolg. Dennoch rückten die menschlichen Siedlungen immer näher an den Strom. Solange der Rhein tief in den Talboden eingebettet war, bestand keine Notwendigkeit, die Ufer durchgehend mit Dämmen zu schützen. Um aber den wilden Fluss für den Menschen berechenbarer zu machen, wurden bald Wuhre gebaut um den Fluss zu lenken. Eine solche Wuhr bestand aus einem am Ufer befestigten «Wuhrkopf». Von diesem aus wurde aus Strauchwerk und Ästen ein langer Arm ins Flussbett hinausgebaut, die Wuhr.

Es gab verschiedene Formen von Wuhren. Und ebenso unterschiedlich waren sie in ihrer Wirkung. Die «Streichwuhr» beispielsweise besass die gleiche Richtung wie der Fluss und hielt das Wasser vom eigenen Ufer ab ohne dessen Richtung weiter zu beeinflussen. Anders war es bei den für viele Konflikte zwischen den Rheinanwohnern sorgenden «Schupfwuhren». Sie wiesen den Wasserfluss dem gegenüber liegenden Ufer zu. Das Überleben war wohl für niemanden leicht und jedem das eigene Hemd am nächsten. Auf alle Fälle blieben die mit den Schupfwuhren beglückten Nachbarn auf der andern Seite des Flusses die Antwort nicht lange schuldig. Sie erstellten noch längere und noch stärkere Schupfwuhre. Damit war zwar das Problem nicht behoben, aber zumindest die Saat für anhaltende jahrelange Streitereien ausgebracht.

Der Landvogt Rhein

Im Jahr 1798 schlug auch für die Landschaft Rheintal die Stunde der Befreiung. Feierlich wurde sie «von der bisherigen Untertanenpflicht frei und

Reiche Beute für die Rheinholzer bei Oberriet

Das vorarlbergische
Bangs unter Wasser.

ledig gesprochen». All die grossen und kleinen Vögte, die aus dem Rheintal über Jahrhunderte Untertanenland gemacht hatten, es ausbeuteten, knechteten und mit Füssen nach den Menschen traten, zogen sang- und klanglos ab. Ein Machthaber aber blieb: der Talvogt Rhein. Er liess auch weiterhin die Menschen im Tal mit fürchterlichen Überschwemmungen und schrecklichen Hochwassern seine Fuchtel spüren. Der Begriff der Rheinnot entstand. Sie prägte das Bild im Tal über Jahrhunderte. Hungersnöte, Seuchen und immer wieder grässliche Überschwemmungen wechselten sich ab. Die Menschen waren arm und blieben arm.

So lange, bis sie sich hüben und drüben des Rheines zu gemeinsamem Handeln fanden und den fürchtigen Gesellen mit einer Rheinkorrektion in die Schranken wiesen. Durchgehende Dämme entstanden. Damit war dem wirtschaftlichen Fortschritt einer ganzen Region der Grundstein gelegt.

Gezähmt war der Rhein aber noch lange nicht. Die Angst vor dem mächtigen Fluss blieb weiterhin bestehen.

Ein Kampf ohne Ende

Die Rheinnot war eine gemeinsame Not. Dies- und jenseits des Flusses. Zu einem eigentlichen Schulterschluss der Bevölkerung kam es aber erstaunlicherweise nicht. Obwohl die Einsicht für ein gemeinsames Vorgehen mit der Zunahme der Not wuchs, spielte auch die Tatsache mit, dass der Rhein eine politische Grenze war. Nicht zwischen Dörfern, sondern zwischen souveränen Staaten, die alle anders gelagert waren, ein anderes System hatten und andere demokratische Prozesse. Es gab in der Schweiz, ebenso wie in Österreich und dem Fürstentum Liechtenstein unterschiedliche Prioritäten, Vorgehensweisen und Gepflogenheiten, die alle unter einen Hut gebracht und berücksichtigt werden wollten. An sich gut gemeinte und auch realisierbare Projekte scheiterten an gegensätzlichen Auffassungen und blieben auf der Strecke. Oft wurden dringende Notwendigkeiten hin und her geschoben und verpolitisiert.

Dann doch: In den Jahren 1865 bis 1877 entstanden zwischen der Tardisbrücke im Sarganserland und Monstein im unteren Rheintal die seither mehrmals erhöhten Rheindämme. Die Bauten waren kaum begonnen worden, da kam es 1868, 1869 und 1871 schon wieder zu verheerenden Hochwassern und Dammbrüchen. Die Gemeinden Bad Ragaz, Sevelen, Buchs und Montlingen wurden überschwemmt. Die Schäden waren riesig. Es war ein unglaublich zäher Kampf, den die Rheindörfer ausfochten. Fronarbeiten, Fahrleistungen und die Beschaffung der Baustoffe kosteten die Bevölkerung riesige Opfer. Zudem wurde jeder männliche Hofgenosse alle Jahre vier bis sechs Wochen ohne Entschädigung in das Joch des Rheinfrondienstes eingespannt. Es waren Rhein- und Wuhrsteuern zu bezahlen, die mit der Zeit eine derartige Höhe erreichten, dass sie das Leistungsvermögen und die Kräfte der Bevölkerung um ein Vielfaches überstiegen. Kein Wunder, dass sich genau in dieser Zeit zahlreiche Familien zur Auswanderung entschlossen.

In den Jahren 1888 und 1890 kam es zu weiteren Überschwemmungen. Nun war der Leidensdruck endgültig so gross, dass sich die beiden Seiten des Rheines näher rücken mussten. Eine umfassende Korrektion des Rheines wurde verlangt. Das war nichts Neues, geredet hatte man schon früher davon, aber zu einem Resultat war es nie gekommen. Die Bevölkerung auf beiden Seiten des Rheines appellierte an Bund und Kanton um endlich zu einem Ziel zu kommen. Allen war klar, die Träger der geforderten Rheinkorrektion mussten tief in die Taschen greifen.

Zwei Rheindurchstiche

Bald reifte ein Plan, der die Zustimmung der meisten Sachverständigen und nicht minder wichtig, diejenige des Volkes fand: Ein Rheindurchstich bei Fussach und ein zweiter bei Diepoldsau sollte die endgültige Lösung bringen. Die beteiligten Ingenieure schlugen zudem vor, alle Seitenbäche in einem neu zu bauenden Rheintaler Binnenkanal zu

sammeln und in den alten Rhein zu leiten. Am zweitletzten Tag des Jahres 1892 versahen die Beauftragten beider Uferstaaten den gemeinsamen Staatsvertrag mit Unterschriften und Siegel. Wenige Monate später setzte das österreichische Abgeordnetenhaus und die schweizerische Bundesversammlung das Übereinkommen in Kraft.

Jetzt stand einer zügigen Ausführung nichts mehr im Wege. Die drückende Schuldenlast an ausstehenden Rheinsteuern, vor der alle Angst hatten, wurde den notleidenden Rheintaler Gemeinden schliesslich abgenommen und auch an das Rheinwerk mussten sie nichts bezahlen, wie sollten sie auch. Österreich und die Schweiz teilten sich die Baukosten brüderlich. An den Anteil der Schweiz leistete der Kanton St. Gallen ein Fünftel und der Bund vier Fünftel. Das war mehr, als die Bevölkerung eigentlich erwarten konnte.

Heute wird wieder von Renaturierung des Rheines gesprochen. Die durchgehenden hohen Dämme seien ein zu enges Korrsett für einen so stolzen Fluss, argumentieren die Befürworter. Die Meinungen sind geteilt. Es überwiegt der Respekt vor dem Fluss, von dem man weiss, dass er zu allem fähig ist. Einem solch unberechenbaren Gesellen wollen die Menschen im Tal nicht ausgeliefert sein.
Kuno Bont

Soldaten bergen mit dem Boot eine eingeschlossene Familie aus der Überschwemmungszone.

Die Rheinholzer
von anno dazumal:
Die Bilder machen
deutlich, wie wichtig
das Rheinholz
damals war.

Diepoldsauer
Durchstich: Faschinen-
bau als Fundament
für die Vorgrundsteine.
(1913)

Ein neues Bett für den
Rhein entsteht: Für
den Transport der Vor-
grundsteine werden
Bauern und Pferde aus
den umliegenden
Dörfern eingesetzt

Werner Wolgensinger,
Sevelen

Wenn gestandene Männer zu weinen beginnen

Es war in der Nacht vom 13. auf den 14. August 1957. Am Rheinufer standen Frauen und Männer im strömenden Regen und zogen das Brennholz für den übernächsten Winter an Land. Ein Grenzer entdeckte eine hochschwangere Helferin und gab deren Mann mit deutlichen Worten zu verstehen, dass eine Frau in diesem Zustand nicht mehr an den Rhein gehört. So wurde sie nach Hause geschickt. Leider. Drei Wochen später kam ich zur Welt. Ab 1965 war ich dann immer dabei. Wenn der Vater mitten in der Nacht in unser Zimmer kam und aufgeregt keuchte: «Da Rhy kunnt!», dann brauchte er nicht zu fragen: «Kunscht mit?» Ich stand schon neben dem Bett.

Mein Job war das Nachtragen des Befestigungsmaterials. Ich rannte hinter meinem Vater her, wenn er einen Stamm am Wurfhaken hatte. Er zog ihn ans Ufer, gemeinsam banden wir ihn an. Wenn in diesem Moment ein traumhaftes Band vorbeizog und wir nicht reagieren konnten, dann liefen meinem Vater schon mal Tränen über das Gesicht. Dies geschah in einer Zeit, als Männer noch nicht weinten. Ich war irritiert und erlebte Leidenschaft. Ich liess mich anstecken.

Früh übt sich, wer ein Meister werden will

Selber zu werfen war das höchste der Gefühle. Ich kappte einen Besenstiel, schlug vier Hunderternägel schräg hinein und band eine Kuhschwanzschnur ans Ende. Ich bin mir nicht sicher, ob meine Eltern wussten, dass ich stundenlang alleine am Rhein war, Stecken hineinwarf und sie mit meinem Miniwurfhaken zu fangen versuchte.

Rheinholzer nützen die Winterpause, um ihr Werkzeug in Ordnung zu bringen und allenfalls neues zu schaffen. Bisse werden flach geschlagen, Wurfhakenzinken gespitzt, Seile geprüft, Stiele ersetzt und Rheinhaken gerichtet. Wenn ab Mai die Zeichen auf Sturm stehen, dann bleibt dafür keine

Zeit mehr. Falls im Frühling noch Schneemengen wie jene von 1999 liegen, dann müssen die Monate Mai und Juni gut im Auge behalten werden. Bei einer hohen Nullgradgrenze und starkem Niederschlag bekommen viele Bäche Mühe, neben dem Regen- auch das Schmelzwasser aufzunehmen. Aus den Seitentälern wird Holz aus Rutschungen, Rodungen oder Lawinen in den Hauptfluss gespült und von diesem Richtung Bodensee getragen.

Das Bündnerland im Regen

Anhaltende schwere Niederschläge im Kanton Graubünden zwischen Juli und September führen mit grösster Wahrscheinlichkeit zu einem starken Anschwellen des Rheins. Ab einer bestimmten Wasserführung transportiert er grosse Mengen Holz. Wieviel davon im Bodensee landet, hängt nebst den Ablagerungen am Vorgrund auch von der Anzahl Rheinholzer, deren Tagesform und der Ufernähe der Strömung ab. Die Spätsommer- und Herbsthochwasser sind nicht zuletzt deshalb so ergiebig, weil die Stauseen durch den Frühlingsregen und die Schneeschmelze einen hohen Füllgrad aufweisen und nur noch wenig Wasser zurückhalten können. So wurden beim Jahrhunderthochwasser vom 18./19. Juli 1987 zehn Millionen Kubikmeter Wasser gebremst. Die Pegelspitze wäre sonst zwischen 200 und 300 m^3/s höher gelegen. Die Erfahrung zeigt, dass ab Oktober wegen der sinkenden Schneefallgrenze die Hochwasserwahrscheinlichkeit markant abnimmt. Von den 6119 km^2 Einzugsgebiet des Rheins liegen 94 % über 900 m und 82 % über 1500 m.

«Da Rhy kunnt!»

«Das waren die Nachrichten auf DRS 1. Und nun zum Wetter: Der Föhn, der seit zwei Tagen durch die Alpentäler fegt, lässt gegen Mittag nach. Die

schweren Regenfälle verlagern sich allmählich vom Tessin auf die Alpennordseite und bleiben dort liegen. Die Nullgradgrenze sinkt dabei gegen 3000 m. In den nächsten beiden Tagen muss insbesondere im Kanton Graubünden mit extremen Niederschlägen gerechnet werden. Meteorologen gehen von 150 bis 200 Litern Wasser pro Quadratmeter aus und warnen vor drohenden Überschwemmungen und Erdrutschen.»

Solche Meldungen steigern den Rheinholzerpuls schlagartig. Die nächsten Tage werden im Kopf neu organisiert. Wenn der Föhn tatsächlich zusammenbricht und die Prognose stimmt, dann muss mit strengen Zeiten gerechnet werden. Natürlich schwingt bei aller Vorfreude auch immer die Hoffnung mit, dass im Bündnerland keine Personen und Infrastrukturen zu Schaden kommen.

Nachdem wichtige Termine verschoben und letzte Mängel am Werkzeug behoben sind, kommt die lange Zeit des Wartens. Ein Anruf um zwei Uhr früh zeigt, dass auch «Kobelis Päul» nicht schlafen kann. Telefonate mit Freunden oder Tourismusbüros schaffen Klarheit über die aktuelle Wetterlage. Wenn mir der nette Beamte der RhB in Ilanz von einer Wanderung abrät, weil es im Oberland wie aus Kübeln giesst, dann wundert er sich, dass ich überhaupt nicht enttäuscht bin.

Es geht los!

Ab jetzt wird der Rhein überwacht! Alle zwei bis drei Stunden folgt eine Kontrollfahrt an sein Ufer. Die Tage werden hektisch und die Nächte schlaflos. Plötzlich ändert sich die Farbe, der Geruch und die Konsistenz des Wassers. Es wird erdiger,

Mit dem Rheinhaken zieht Werner Wolgensinger ein Stück Holz ans Ufer.

sandiger und wilder. Die Fliessgeschwindigkeit nimmt zu, die Sandbänke nehmen ab. Die graue Trübung deutet auf die Landquart hin, die gelb-braune auf den Vorderrhein und die schwarze auf den Hinterrhein mit dem Zubringer Nolla, was soviel heisst wie «Schwarzer Fluss». Wenn diese Bäche zusammen mit der Plessur und der Tamina zum Anschwellen des Rheins beitragen, dann kommen die Fluten schwarz daher.

Erste «Migla» und «Müsala» treiben im Was-ser. Es regnet in Strömen. Donnergrollen verstärkt die düstere Stimmung. Der Stress steigt parallel zum Pegelstand. Alles Werkzeug, Verpflegung und starke Lampen werden an den Stammplatz gefah-ren. Man richtet sich ein und ist froh, dass man das Bord gemäht und die Lianen und Brombeerstau-den zurückgeschnitten hat.

Der erste Wurf gilt einer zwölf Meter langen Tanne. Die Zinken greifen in die Wurzel und lassen nicht mehr los. Der Rheinholzer startet und über-holt seine Beute. Durch starkes Ziehen gelangt die Fichte schräg in die Strömung, welche beim Ufern mitschiebt. Sobald der Fang an den Vorgrund-steinen liegt, wird er mit Biss und Drahtseil fixiert. Der Wurfhaken steckt zwei Meter vom Bord ent-fernt im Stock fest. Man steigt oder kriecht auf den Stamm hinaus und löst das Werkzeug. Ein Kollege hält den Rheinhaken bereit, falls man auf dem glatten Holz abrutscht und ins Wasser fällt.

Die Anbindstelle für den nächsten Fang ist schon vorbereitet.

Ausnahme mit Folgen

Definitiv vorbei war die Rheinholzer-saison immer Ende September. War! Denn der 16. November 2002 lehrte uns etwas anderes. Eine Kaltfront aus Norden traf im Mittelmeerraum auf sehr feuchte Luftmassen, rotierte und legte sich im Norden an die Alpen. Während drei Tagen fielen im Bündnerland zwischen 200 und 400 Liter Regen, denn die Schneefallgrenze lag mit 2700 m für diese Jahreszeit ungewöhnlich hoch. Die Surselva wurde hart getroffen. Schlans, Trun und Rueun erlebten eine schlimme Katastrophe. In der Folge stieg der Rhein in unseren Breitengraden über die Vorgrundwege und brachte enorm viel Holz.

Nun geht es Schlag auf Schlag. Der Wasser-spiegel steigt im Extremfall bis zu einem Meter pro Stunde. Föhren, Weisstannen, Lärchen, Fichten, Birken, Eschen, Ahorne, Erlen und Buchen werden angeworfen. Dürre Stämme sind leichter zu hand-haben als frisch weggerissene oder abgerutschte Bäume mit Wurzelstöcken und Ästen. Letztere sind schwer und schwimmen tief.

Jeder Fang zerrt an den Kräften. Jedes «Band» zwingt zu einem Spurt. Zum Glück sind da die Helferinnen und Helfer. Sie ziehen mit, reichen das Werkzeug, stechen das Holz an, sichern es, lösen den Wurfhaken, bringen die Verpflegung in Erin-nerung, verbinden Blessuren und geben Sicher-heit!

Die Leidenschaft

Manchmal endet der Holzsegen schon nach zwei, vielleicht erst nach zehn, zwanzig oder mehr Stunden. Krämpfe in den Händen, Armen und Beinen sorgen für Unterbrüche. So kann es sein, dass sich die Umklammerung des 8 mm dicken Seiles nicht mehr lösen lässt oder ein verhärteter Oberschenkelmuskel den Holzer auf den Boden

Nach dem Wurf mit dem Wurfhaken wird der erbeutete Baumstamm vorsichtig ans Ufer gezogen.

zwingt. Dagegen hilft nur ein aufgerüsteter Stamm von 5.18 m Länge, einem Durchmesser von 51 cm und einer Nummer auf der hellen Stirnseite, der gerade vorbeifliesst. Diesen Sägklotz muss man haben!

Unsere Vorfahren waren Jäger und Sammler. Die Rheinholzer sind es geblieben. Man muss keine Bäume fällen. Die Natur hat dies erledigt. Man kann auswählen und die Beute anvisieren. Jeder Wurf knüpft an eine uralte Tradition und Überlebensstrategie an. Ein Unterschied bleibt: Wenn man heute nicht trifft, dann verhungert respektive erfriert niemand mehr. Auch wenn der Rhein über den Vorgrundweg steigt oder ab Oberriet ins Vorland ausbricht, irgendwann ist der Höchststand erreicht und der Pegel sinkt. Die Holzmenge nimmt ab und endet in vereinzelten Nachzüglern.

Das Werkzeug wird eingesammelt. Ein letzter Blick gilt den angebundenen Stämmen. Einige müssen nachgesichert werden. Von den über 60 Drahtseilen nimmt man nur noch wenige mit nach Hause. Die Strapazen haben sich gelohnt. Die Jäger sind zufrieden. Die Leidenschaft ist trotz Leiden vorübergehend befriedigt. Todmüde macht man sich auf den Heimweg. Je nach Tageszeit geht man zur Arbeit oder fällt ins Bett. Um schlafen zu können, muss zuerst die innere Spannung weichen. Die Bilder von Wasser und Holz sind noch zu dominant.

Gefahren

Man wird oft mit der Frage nach den grössten Gefahren beim Holzen konfrontiert. Der Rhein hat bei Hochwasser eine ungeheure Kraft! Diese muss

man als Rheinholzer respektieren. Schwere und zum Teil tödliche Unfälle hätten sich oft vermeiden lassen. Wenn jemand das Ende des Wurfhakenseiles um den Bauch oder das Handgelenk bindet, um es in der Hitze des Gefechtes oder in der Dunkelheit nicht zu verlieren, dann ist dies grobfahrlässig. Wenn sich die zwanzig Meter lange Tanne plötzlich dreht und durch den Aufprall am Ufer in die starke Strömung hinausschiesst, dann bleibt keine Zeit mehr, den Knoten zu lösen. Man wird unweigerlich in die Fluten gerissen.

Vor einigen Jahren hatte ein Mann besonders viel Pech. Er folgte einem Stamm am Wurfhaken und verhedderte sich beim Laufen in seinem Seil. Dieses zog sich um seinen Fuss zusammen und zerrte ihn unter Wasser. Zum Glück löste sich die Schlinge bald wieder und er konnte sich ans Ufer retten.

In der Nacht liegt das Gefahrenpotenzial deutlich höher als am Tag. Da man nicht gleichzeitig eine Lampe halten und werfen kann, läuft das meiste im Dunkeln ab. Die Augen gewöhnen sich an die Finsternis. Stämme sind als dunkle Striche im Wasser erkennbar.

Das Laufen auf dem Weg und das Springen über die Vorgrundsteine ist riskant und kann zu Stürzen führen. Schreckmomente treten dann ein, wenn plötzlich eine Helferin oder ein Helfer fehlt, weil sie oder er einem Stamm nachgerannt ist. Trotz aller Vorsicht steht auch ein Rheinholzer mal auf einen Wurfhaken. Der Metallzinken bohrt sich durch die Schuhsohle in den Fuss. Blessuren, Schürfungen durch Seile und Prellungen von Stürzen gehören zur Tagesordnung. Die spürt man erst morgen!

Werner Wolgensinger

Victoria Allen, Sevelen

Victoria und ihre Liebe auf den ersten Blick

Sie wohnen etwas abseits ausserhalb von Sevelen, einer typischen Werdenberger Gemeinde, in einem hübschen Einfamilienhaus, welches sie erst vor ein paar Jahren nach ihren Plänen und Vorstellungen von energiebewusstem Wohnen erbauen liessen. Der Werner Wolgensinger und seine Lebenspartnerin Victoria Allen. Er ein echter Rheintaler, sie eine Kanadierin, in Bilten im Linthgebiet aufgewachsen. Das hier ist ihr kleines Paradies. Das schöne Haus, die Rheinholzbeigen vor dem Haus und der grosse Garten auf der Südseite, wo die prächtig in den Federn stehenden Hühner gerade heftig im Laub scharren und nach Würmern suchen.

Victoria ist eine Frau, bei der man sich gut vorstellen kann, dass sie als Schulmädchen mit einem fetten, langen Regenwurm in der Rocktasche zur Schule kommt. Sie kennt keine Berührungsängste. Einen Unterschied zwischen Männer- und Frauenarbeit gibt es für die gelernte Gärtnerin nicht. Hat es nie gegeben. Was Männer können, kann sie schon lange.

Die Natur und die Tiere bedeuten ihr alles. Nicht ganz. Da ist auch noch Werner, ihr Lebenspartner, mit dem sie am liebsten draussen in der Natur ist, abenteuerliche Wege erkundet, herrliche Ausblicke geniesst und das Schöne dieser Welt so richtig auf sich wirken lässt. «Es war Liebe auf den ersten Blick», sagt Victoria. Ein fragender Blick. «Beim Werner und bei der Rheinholzerei». Dann lacht sie über beide Ohren, die grossen Augen beginnen zu funkeln und mit dem ruhig Dasitzen ist es auch schon wieder vorbei.

Erste Begegnung am Rhein

Victoria kennt keine Berührungsängste. Das wird sofort offensichtlich, wenn man sich mit ihr unter-

hält. Sie interessiert sich für alles und verfolgt mit wachem Interesse, was auf dieser Welt so geschieht. Sie sieht auch, wie manche sehr lieblos mit der Welt umgehen. Das stört sie. Dreinreden tut und will sie niemandem. «Es muss jeder selber wissen, was er tut», sagt sie. Die meisten seien ja erwachsene Menschen. Sie auf alle Fälle lebt den rücksichtsvollen Umgang mit der Schöpfung konsequent. Kein Auto. Kein teurer technischer Schnickschnack. Dafür viel Velo, viel Direktkontakt mit der Natur, viel Wind und Wetter um die Nase.

Ideale Voraussetzungen um eine Rheinholzerin zu werden. Nur, als sie aus dem Linthgebiet ins Rheintal zum Arbeiten kam, wusste sie noch nicht einmal, dass es hier Rheinholzer gibt. «Ich fuhr auf dem Weg zu meiner Arbeit in Liechtenstein täglich viermal über den Rhein, aber Rheinholzer habe ich nie gesehen». Das mächtige Flussbett mit den riesigen Dämmen auf beiden Seiten habe sie beim Überqueren immer wieder den Kopf schütteln lassen: «Die spinnen die Rheintaler. Für so ein bisschen Wasser so riesige Dämme.» Das war für sie,

Materialdepot auf zwei Rädern

Die Kanadierin hat
einen schönen
«Brocken» am Haken.

die als Biltnerin die Linth als Massstab aller Dinge ansah, unverständlich.

Am 19. Juli 1987, einem Sonntag, kam es dann zum ersten näheren und intensiven Kontakt mit dem Rhein – und Werner Wolgensinger. Schon Tage zuvor hatte Victoria bemerkt, wie der Wasserstand im Rhein anstieg und das Wasser sich verfärbte. Als naturinteressierten Menschen faszinierte sie das, und sie nahm sich vor, die Sache in den nächsten Tagen aufmerksam zu verfolgen.

So ging sie an eben diesem 19. Juli wieder an den Rhein und sah dort erstmals Werner als Rheinholzer im Einsatz. Sie war beeindruckt. «Eine Urgewalt, das merkte man schon beim blossen Hinschauen», beschreibt sie heute den Eindruck vom sich mächtig aufbäumenden Rhein, der während Stunden Unmengen von Holz mitführte. So etwas hatte sie noch nie gesehen. Auch so etwas wie

Werner nicht. Es war Liebe auf den ersten Blick. Nur dastehen und zuschauen, während er sich abrackerte, das wars auch nicht. Schnell einmal fragte sie, ob sie ihm helfen könne? «Ja, gerne,» lautete die Antwort. «Seither war ich bei jedem Hochwasser mit dabei. Es hat mich richtig gepackt», erzählt Victoria. Und Werner, der neben ihr am Tisch sitzt ergänzt vorlaut: «Ich habe sofort gesehen, dass sie gut mit Werkzeug umgehen kann. Sie kam wie gerufen.» Dass sie beide bald einmal miteinander leben würden, daran dachte er in diesem Moment gerade nicht. «Ich musste mich aufs Werfen konzentrieren», weiss er aber noch.

Heute sind sie beide nicht nur ein Paar, sondern ein Rheinholzerteam, das sich bestens versteht. «Alle meinen, Rheinholzen sei für eine Frau gefährlich – das stimmt gar nicht». Victorias Aufgaben beim Rheinholzen sind vielfältig. Weil er

Victoria träumt vom Rheinholzen

Es kann sein, dass Victoria und Werner stundenweise an der Wuhr bei Vaduz warten, bis der erhoffte Holzsegen eintrifft. «Wenn es dann endlich soweit ist, dann musst du ganz schön auf Trab sein und schnell arbeiten», erzählt Victoria. Niemand weiss, wie lange der Schwemmholzsegen jeweils anhält. «Darum kommt machmal so etwas wie ein bisschen Stress auf», lacht die Rheinholzerin. Eine Situation, von der sie schon geträumt hat. «Ich stand am Rhein und sah Unmengen Holz auf uns zukommen. Nicht so schnell wie üblich – diesmal im Zeitlupentempo. So auf alle Fälle, dass Werner und ich uns gar nicht beeilen mussten, um sie alle zu erwischen.»

Victoria hat ein untrügliches Auge für die schönsten Stücke.

grössere Erfahrung hat, überlässt sie das Werfen Werner. «Victoria ist phänomenal beim Erkennen von guten Baumstämmen», lobt dieser seine Partnerin. Sie ist auch schnell mit dem langen Haken zur Stelle und bewegt sich wie eine Bergziege in den riesigen Vorgrundsteinen, die gerade an dieser Stelle das Rheinholzen beschwerlich machen. Beim Zersägen und Spalten des Rheinholzes trifft man Victoria wieder. «Wir heizen und kochen mit Rheinholz. Da gehört so etwas schon fast zur Hausarbeit», lacht sie.

Viel von Werner gelernt

Der Rhein, die Rheinholzerei und das Wetter sind sehr oft ein Thema am Tisch von Victoria und Werner. «Mich hat nebst der Rheinholzerei draussen am Fluss vor allem auch fasziniert, wie Werner aufgrund von alten Rheinholzerregeln und der genauen Beobachtung des Wetters seine Prognosen stellt. Da sieht man, dass er viel Erfahrung und ein feines Gespür für die Zusammenhänge in der Natur hat», sagt Victoria. Sie schätzt an Werner aber auch, dass er trotz Rheinholz in seinen Adern immer weiss, wann es genug ist oder zu gefährlich wird. «Ein zu grosses Risiko einzugehen bringt nichts», zuckt Werner die Achseln.

Zu den Vorbereitungen auf die nächste Rheinholzerei gehört auch das Instandhalten des Werkgeschirrs. Und ab und zu machen sich die beiden auch auf den Weg um einen Blick in die Bündner Seitengewässer des Rheins zu werfen. «Hei, die sind echt schön, die Schluchten da oben!», schwärmt Victoria. «Und es ist so beruhigend, dass da noch so viel Holz liegt», doppelt Werner nach.
Kuno Bont

Marino Gächter, Grabs

Blutige Hände und Muskelkater gehören dazu

Von aussen sieht das Einfamilienhaus in Grabs gar nicht wie ein Rheinholzer-Haus aus – keine Wurzeln oder Hölzer im Garten. Aber der äussere Eindruck täuscht. Die Familie Gächter ist eine der ältesten Rheinholzer-Familien von Rüthi: «Wir holzen schon in der fünften Generation», erklärt Marino Gächter. Grossvater August Gächter hatte früher sogar noch mit dem Boot geholzt. Marino ist im Büchel in Rüthi aufgewachsen, nahe am Rhein. Dann hat es ihn ins Werdenberg verschlagen. «Mein Vater Oskar hat es gerochen, wenn der Rhein kam», erzählt er.

Schon als Kind ist Marino Gächter immer mit seinem Bruder Rolf und mit seinem Vater Rheinholzen gegangen. «So hat das angefangen. Vater hat ein Wurfhäklein für Rolf gemacht und ich durfte die Seile bieten», blickt der 53-Jährige zurück. Nächteweise seien sie damals am Rhein draussen gesessen. «Wenn der Rhein kam, dann hatten wir keine Schule. Das war das Beste!», schmunzelt Marino.

«Wir gehen nur auf grosses Holz»

Seit 30 Jahren holzt Marino nun mit seinem Bruder Rolf, der heute noch in Rüthi wohnt, alleine. Sie sind ein gutes Gespann. Wenn die Unwetter anhalten, fährt Marino in Haag an den Rhein, Rolf schaut in Rüthi, sozusagen vor der Haustüre, wie sich der Wasserstand entwickelt. «Mittlerweile kann man die Pegelstände auch übers Internet abfragen», erklärt Marino. Dann machen sich die Brüder bereit, richten Seile, Wurfhaken und Stangenhaken. Etwa eine Stunde bevor das richtig grosse Holz kommt, werfen sie sich bei kleinem Holz ein. «Wir gehen eigentlich nur auf grosses Holz», erklärt Marino und zeigt Fotos von erbeuteten Riesenstämmen. «Der längste Stamm, den wir

rausgenommen haben, war 22.70 Meter lang», erzählt er stolz.

Die Arbeitsteilung zwischen den beiden Brüdern funktioniert gut: Rolf wirft, Marino bietet Seile und sichert das Holz. Sind die Stämme angepflockt und ist das Wasser wieder etwas tiefer, wird das Holz mit dem Lastwagen und dem Kran rausgenommen. «Dann lassen wir es etwa zwei Wochen trocknen, bevor wir es zersägen». Das Haus von Marino in Grabs wird nicht mit Rheinholz befeuert und so drängt sich die Frage auf, was er mit so viel Holz macht. «Vielfach fragt mich eine Bildhauerin aus Gams wegen Rheinholz an. Die Wurzeln holt ein Kollege für Renaturierungen und Biotope in der ganzen Schweiz. Etwas behalten wir für unser Cheminée und den Rest verkaufen wir», erklärt Marino Gächter.

Wie eine Sucht

Anders als früher, als das Rheinholzen eine Notwendigkeit war, ist es heute ein Hobby. «Mein Vater hat jeden Klotz verwertet», weiss Marino. Er hat das Holz in der Schreinerei sägen lassen und hat damit Ställe gebaut und Böden verlegt. Früher gab es in Rüthi etwa 50 aktive Rheinholzer, heute sind es fast nur noch die zwei Gächter-Brüder. Was gleich blieb, ist die tiefe Verbundenheit mit dem Rhein. «Wir sind am und mit dem Rhein aufgewachsen», beschreibt Marino Gächter, «für uns ist das Rheinholzen wie eine Sucht.» Wenn der Rhein kommt, dann ist er weg – auch von der Arbeit. Der 53-Jährige arbeitet als Autolackierer und seine Firma hat zum Glück Verständnis für seine Leidenschaft. Seit einiger Zeit sind auch die Kinder der beiden dabei. Marinos Sohn Andreas ist 24 Jahre alt und vertritt seinen Vater schon mal bei Ferienabsenzen. Auch Tochter Sandra (21) ver-

Alle Kräfte werden mobilisiert, um das ans Ufer gezogene Holz endgültig in Sicherheit zu bringen.

brachte mit ihnen früher viel Zeit am Rhein. Nur Ramona, die Jüngste, zeigt keinerlei Interesse am Rheinholzen. Das akzeptiert Vater Marino. Aber er ist sich sicher, dass die Tradition des Rheinholzens nicht mehr verloren geht.

Blutige Hände und Muskelkater

Der Platz, an dem die Gächters holzen, ist seit fünf Generationen der Gleiche. Etwas oberhalb der

Rheinbrücke in Rüthi, wo der Rhein eine Kurve macht und es das Holz nahe ans Ufer treibt, jagt Marino nach den grossen Stämmen. «Es ist ein idealer Platz, wir haben nahes Holz und müssen nur etwa 15 bis 20 Meter werfen», erklärt er. Anders als früher ist jedoch die Verarbeitung des Holzes. Damals habe man mit der Schwertsäge tagelang Holz gesägt. Heute, mit der Motorsäge, sägen die Gächters 30 bis 40 Ster an zwei Samstagen. «Es ist dennoch ein hartes Hobby», stellt Marino fest.

Respekt vor stehendem Holz

Seit 20 Jahren wohnt der Rüthner in Grabs. Die rheinfernen Grabser schauen manchmal etwas skeptisch und glauben es nicht, dass man aus dem Rhein tatsächlich so viel Holz rausholen kann. «In Grabs kann man nicht so über das Rheinholzen reden, wie in Kriessern, Oberriet oder Rüthi», erklärt Marino. Umgekehrt haben die Rheinholzer etwas Schwierigkeiten beim Holzen im (rheinfernen) Wald. Die beiden Brüder Rolf und Marino haben nämlich noch einen eigenen Wald. «Aber dort haben wir etwas Respekt. In den Wald gehen wir nicht gern», gesteht der 53-Jährige. Er ist eben doch ein richtiger Rheintaler. Einer mit einer tiefen Verbundenheit zum Rhein und zum Leben um den Rhein und am Rhein.

Nach dem Rheinholzen sei er jeweils fix und fertig. Blutige Hände und Muskelkater sind selbstverständlich. Frau Elvira, die sich beim Rheinholzen um Verpflegung und heissen Tee kümmert, lässt ihm dann ein heisses Dulix-Bad ein. «Ich bin aber auch schon heimgekommen und am Tisch eingeschlafen», schmunzelt Marino. Einmal als der Rhein kam und Andreas nicht da war, ist Marinos Tochter Sandra als Ersatz mitgekommen, um die Seile zu bieten. «Irgendwann, nachdem sie stundenlang hin und her gerannt ist, hat sie sich einen Moment am Bord hingesetzt und ist dort mitten im strömenden Regen eingeschlafen», erzählt er. Und wie schätzt er als erfahrener Rheinholzer die Gefahr ein? Ab und zu falle jemand rein, aber wegen der Strömung, die bei Gächters Platz zum Ufer hinführt, komme jeder wieder raus. «Man muss schon aufpassen, man darf die Natur nicht unterschätzen», betont der Rüthner.

Chantale Küng

Lilian Grüninger Goldener,
Salez / St. Margrethen

Eine junge Frau
und ein verlorenes Herz

Es ist ein heisser Tag. Die Sonne brennt erbarmungslos auf die Wurzeln und verknorrten Äste aus dem Rhein – und wenn sie auch noch ein kleines Tröpfchen Rheinwasser in sich gehabt hätten, die Sonne hätte es heute ausgesogen. Lilian Grüninger Goldener, Tochter des Metzgers Goldener in Salez, öffnet die Tür zu ihrem Elternhaus.

Drinnen ist es angenehm kühl und es duftet nach frisch gebackenen «Chüachli». Sie winkt mich in die Küche und erzählt: «Die Küche ist ein geselliger Ort bei uns, wie ein Cafe, es kommt immer jemand vorbei – Freunde, Verwandte, Kollegen – und auch ich, wenn ich frei habe, dann bin ich viel hier.»

Mit ihren blond-schwarzen Haaren, ihrem fröhlichen Lachen und ihrem zarten Alter – Jahrgang 1981 – wirkt Lilian nicht wie jemand, der bei Wind und Sturm, bei Regen und Unwetter am Rhein Baumstämme aus dem Wasser zieht. Eine gefährliche Arbeit. «Das macht ja den Reiz aus», schmunzelt die junge Frau und erklärt weiter: «aber ich bin nur die Assistentin. Ich halte das Holz, den Haken werfen mein Vater oder meine Brüder, dafür habe ich zu wenig Kraft.»

Geburtswehen

Und dann kommt die Rheintalerin ins Schwärmen. Erzählt vom Grossvater, der schon Rheinholzer war und wie das geht, wenn der Rhein kommt. Natürlich schaut die Familie Goldener selber, man fährt raus und beobachtet den Rhein. Und dann gibt's noch ein paar Informanten – einen Freund in Sevelen und weitere Kontakte im Oberland.

Mit den Informationen von weiter oben hat man Zeit, um die Werkzeuge bereit zu machen – alles Einzelstücke und Extra-Anfertigungen – und zum Rhein zu gehen. «Es ist wie ein Tag vor dem Geburtstag, ein Kribbeln» schildert Lilian. Dann geht's los. Die Familie ist ein eingespieltes Team,

nicht nur bei der Arbeit, auch beim Rheinholzen. «Einer ist der Chef, die anderen halten sich daran», erklärt die junge Frau.

Die Suche nach dem perfekten Holz beginnt. Es ist ein bisschen wie eine Lotterie. «Sichtet jemand ein gutes Holz, wirft man, und entweder trifft man dann oder nicht», so Lilian. Die eroberten Hölzer – man könnte auch sagen, die erlegten Hölzer, schliesslich ist es ja schon ein bisschen wie eine Jagd – werden angepflockt und dann mit dem Traktor rausgezogen. «Wir haben grossen Respekt vor dem Rhein, aber wir haben von Kind auf gelernt, mit ihm umzugehen. Wir sind immer baden gegangen oder das Bord rauf und runter gerannt», erinnert sich die junge Rheintalerin.

Lilians Hauptaufgabe ist das Anbinden der Beute an der Wuhr.

Schon als kleine Kinder sind die Goldeners beim Rheinholzen mitgegangen. Zuerst durften sie nur vom oberen Damm aus zuschauen. Später hat Lilian mitgeholfen: «Für mich als Mädchen war es schön zu erleben, dass mein Vater mich brauchte.» Und sie hat ihre Rolle als Mädchen ab und zu auch zu ihren Gunsten genutzt. «Manchmal bei schlechtem Wetter», erzählt die junge Frau schmunzelnd, «habe ich einfach die Verpflegung übernommen.

Oder die Verarbeitung des Holzes hat mich weniger interessiert, da habe ich mich dann lieber um den Haushalt gekümmert.»

Der Stolz der Rheinholzerin

Die ersten Erinnerungen an den Rhein hat Lilian aus dem Jahr 1987, als das Hochwasser kam. Eindrückliche und imposante Erinnerungen – viel-

Es ist keiner wie er

«Der Rhein ist ein Fieber. Es ist keiner wie er. Der Rhein ist Heimat», beschreibt die Salezerin ihr Verhältnis zum Fluss. Sie ist viel gereist. War in Thailand, Ägypten, Amerika, Afrika und vielerorts in Europa. Aber einen Fluss wie den Rhein hat sie keinen gesehen. Die junge Frau geht gerne weg, kommt aber auch immer gerne wieder nach Hause. «Man ist überall dort zu Hause, wo das Herz ist», erzählt Lilian. Und das Herz ist vielleicht überall dort, wo der Rhein ist.

leicht auch prägende? «Wenn alles kommt, dann ist das sehr viel Wasser», beschreibt sie ehrfürchtig. Zu dieser Zeit hat sich auch das Image der Rheinholzer gewendet.

Früher, so erzählt Lilian, seien die Rheinholzer immer ein bisschen schräg angeschaut worden. Beim Hochwasser 1987 wurde der Bodensee mit dem vielen Holz verstopft, das von den Bergen herunterkam. «Da hat es sich gewendet und wir hatten plötzlich ein gutes Image. Die Leute erkannten, dass unsere Arbeit auch wichtig ist», erinnert sich die junge Metzgerstochter.

Die Rheinholzer haben der Natur um den Rhein und am Rhein stets Sorge getragen. Jede Familie hat ihr eigenes Revier, ihren Platz. Die Goldeners holzen am Rhein ausserhalb von Salez. «Wir Kinder sind viel Schwemmholz sammeln gegangen, von hier bis nach Haag, zuerst zu Fuss und später mit dem Töffli», erzählt Lilian. Aus einer besonders schönen Wurzel hat die 28-Jährige eine Krippe gebastelt. «Es ist schon eine gewisse Naturverbundenheit», sagt die junge Frau und bietet kleine, fein duftende Fruchtchüächli an. Mit Brombeeren aus dem eigenen Garten, selbstverständlich.

Von Kindsbeinen an

Lilian ist verheiratet – aber nicht mit einem Rheinholzer. «Mein Mann versteht es schon, aber er hat nicht denselben Hintergrund», erklärt die Rheinholzerin. Klar würde sie ihre Kinder auch mitnehmen, so die junge Frau, ohne ein Sekunde zu zögern. Man spürt, dass es ihr wichtig ist, die Tradition zu leben und den eigenen Kindern diese starke Bindung zum Rhein weiterzugeben. Früher, zu den Zeiten ihres Grossvaters, war das Rheinholzen noch von existenzieller Bedeutung, die Arbeit im Einklang mit der Natur unumgänglich und (Rhein-)Holz ein wichtiger Rohstoff. Als der Grossvater starb, gab ihm die Familie etwas Rheinwasser mit auf den letzten Weg. Auch heute hat das Rheinholzen eine wichtige Bedeutung – vielleicht auch für den Zusammenhalt der Familie. «Wir haben einen sehr starken Familienzusammenhalt, wir haben gemeinsame Interessen», schildert Lilian, «wir ziehen alle an einem Strick. Anders geht es gar nicht.» Egal ob bei der Arbeit oder beim Holzen.

Chantale Küng

Seile und Haken zum Festbinden der Beute liegen in der Rheinholzerkiste bereit.

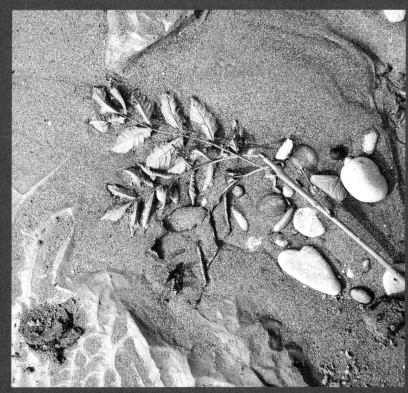

Silvan Kühnis, Marbach

Silvan, der immer wieder aufsteht

Ich stehe in Marbach etwas am Hang, schaue auf das Rheintal und warte. Es ist Montagnachmittag. Am Wochenende hat die Natur wieder einmal gezeigt, wie stark sie sein kann: angeschwollene Bäche, Überschwemmungen, Geröllberge, angeschwemmtes Holz.

Plötzlich saust ein ursprünglich blauer, nun mit Schlamm überzogener, Mégane um die Ecke. Aus dem Auto steigt Silvan Kühnis, Rheinholzer, in der Badehose und entschuldigt sich mit den Worten: «Ich hatte gerade noch einen Einsatz im Eichberg.» So viel Holz habe es da gehabt, er musste einfach hingehen. Einen passenderen Anfang für ein Treffen mit einem Rheinholzer hätte es wohl nicht gegeben. Und doch ist bei Silvan Kühnis einiges anders als bei anderen Rheinholzern.

«Ich hatte schon immer gerne Action»

Die Passion fürs Holzen hat er von seinem Vater Paul, dem langjährigen «Chef» der Rheinholzer-Vereinigung, früh mitbekommen. Er übte im elterlichen Garten mit einem Haken, den ihm sein Vater aus einer Rottanne und einem blauen Wäscheseil gemacht hatte. «Ich war von Anfang an Feuer und Flamme. Ich hatte schon immer gerne Action – auch bei den Sportarten. Manchmal bin ich fast etwas zu verbissen», erzählt Kühnis.

Sogar ein kleines Grenzhäuschen zogen die beiden bei Hochwasser ans Ufer – Silvan mit seinem Holzhaken, der Vater mit dem richtigen Rheinholzer-Utensil. Das Häuschen diente fortan als Materialschuppen, bis es beim Hochwasser 1987 weitergeschwemmt wurde. Schliesslich wurde Silvan erwachsen. Er wurde einer, der nicht zum Tanz ging, wenn der Rhein kam. Einer, der seine Begleitung auf der Rheinbrücke stehen liess, wenn er sah, dass Holz kommt. Einer, der mit den Tanzhosen in den Knien und dem Pickel in der Hand dem (fast) perfekten Holz nachsprang – oder eine Sitzung im Geschäft fluchtartig verlässt, weil der Rhein kommt. Ein richtiger Rheinholzer!

Auch nach dem dritten schweren Unfall steht Silvan wieder als Rheinholzer an der Wuhr.

Stures Übernehmen der Traditionen hatte Silvan allerdings noch nie interessiert. Viel mehr versuchte er neue Techniken zu integrieren und die Abläufe zu verbessern, um noch mehr Holz an Land zu ziehen. So hatte beispielsweise Werner Wolgensinger, mit dem er heute holzt, eine Pflocktechnik, die ihm imponierte – kein mühsames Einpflocken der Stangen, sondern vorgearbeitete Löcher, in die dann kleine Pflöcke gesteckt werden können. «Zuerst stiess ich bei meinen Leuten immer auf Widerstand. Dann habe ich es jeweils trotzdem gemacht und am Schluss waren alle begeistert», erklärt der Rheinholzer.

Drei harte Schicksalsschläge

Als Silvan 20 Jahre alt war, kam der erste gesundheitliche Schicksalsschlag. Bei einem Autounfall brach sich der junge Rheintaler den sechsten und siebten Halswirbel. Viele Jahre später kam der

zweite gesundheitliche Schicksalsschlag. Silvan war mittlerweile erfolgreicher Aussendienstler, der Beste der Firma, und erlitt einen Nervenzusammenbruch. «Der Druck von mir selber und von der Firma war zu gross», resümiert Silvan Kühnis. Drei Monate verbrachte er in einer Klinik, erholte sich und begann seine Umwelt wieder wahrzunehmen. «Plötzlich habe ich wieder alles gesehen, die Natur, die Blumen, die Schmetterlinge – vorher hatte ich auf Durchzug geschaltet und einfach funktioniert» schildert er.

Immer Rheinholzer

Die Leidenschaft fürs Rheinholzen und für actionreiche Sportarten blieb weiterhin bestehen. «Mit Squash, Fussball und mit dem Bike bin ich wie in einer anderen Welt», schwärmt der 45-Jährige. Auch heute noch. Obwohl das Schicksal fast genau 20 Jahre nach seinem ersten Unfall zum

dritten Mal ausholt, und ihn am 17. August 2005 in einem Schlammloch erwachen lässt. Mitten in der Nacht, verletzt, alleine. Das Letzte an das sich Silvan erinnern kann, ist, wie er sich von einem Pärchen auf einer Biketour verabschiedete. Danach folgen lange Stunden des Wartens. «Ich habe mit den Tieren gesprochen, ihnen Namen gegeben und Käfer gegessen. Die Salamander musste ich wehrlos über mein Gesicht ziehen lassen» erzählt Silvan. Irgendwann wird es wieder Tag. Irgendwie schafft er es aus dem Loch auf die Wiese und irgendwie gelingt es ihm aufzustehen, zu laufen. Er versucht bei Bewusstsein zu bleiben, zählt die Schritte und nach 1243 Schritten sieht er einen Menschen – die Rettung. «Von dem Moment an, als ich auf die Rettungsbahre gelegt wurde, weiss ich 14 Tage lang nichts mehr», erklärt der Rheintaler.

Vier Halswirbel hat sich Silvan Kühnis bei diesem Unfall gebrochen, 18 Stunden wurde er in St. Gallen operiert und neun Monate verbrachte er in Nottwil in der Rehabilitation – im Rollstuhl. Das war vor fünf Jahren. Mittlerweile kann Silvan wieder laufen, Autofahren, biken und eben auch Rheinholzen – etwas eingeschränkt zwar, aber immerhin. Sein Wille ist gross, er übt – nicht mehr im elterlichen Garten, sondern im eigenen. Und hier kommt ihm wieder sein Interesse an Innovationen zugute, er bastelt an einem für ihn angepassten Haken. Ein Haken, der nicht zu schwer ist, und dessen Griff sehr speziell ist, damit er ihn mit seinen krampfenden Händen auch wieder gut loslassen kann. Zusammen mit Werner Wolgensinger und dessen Freundin Victoria geht er in Sevelen wieder Rheinholzen.

Leidenschaft schafft Leiden

Ganz gesund wird der Rheintaler sicher nicht mehr. 420 Medikamente nimmt Silvan pro Monat. Seine insgesamt sechs gebrochenen Halswirbel – einer ist noch ganz – werden mit einer Titanplatte, zwölf Schrauben und zwei Titanstangen zusammengehalten. Die Drehmöglichkeit seines Kopfes ist klein, die Nerven in seinen Armen sind hyperempfindlich, die Muskeln krampfen. Und so schafft ihm seine Leidenschaft fürs Holzen wirklich Leiden – das Holzen im Eichberg war zuviel. Für den Körper, nicht aber für die Seele. Die blüht nämlich beim Rheinholzen jedesmal auf.

Wegen der Schmerzen macht Kühnis Mentaltraining und da soll er sich jeweils eine Oase vorstellen. Die hat natürlich – wie könnte es anders sein – mit Holz zu tun: «Meine Oase ist am Schraubach im Prättigau. Ich habe eine kubanische Zigarre im Maul, einen Strohhut auf dem Kopf, ein Bier in der Hand und liege in einem Liegestuhl. Vor mir ziehen ganz grosse Stämme in einer dunklen Brühe vorbei und ich weiss, dass ich noch vor dem Holz in Sevelen sein werde», erzählt er grinsend. Der Rheinholzer ist von Natur aus ein Optimist, trotz angeschlagener Gesundheit hat er seinen Humor nicht verloren und schaut nach vorne. «Kunnt scho guat!» ist einer seiner Lieblingssprüche.

Gemeinsam durchgestanden

Aber es gab auch traurige Momente, als er sich von seinem Umfeld im Stich gelassen fühlte. Das war alles etwas viel miteinander. Seine Frau und seine Kinder seien ihm eine wichtige Stütze, erklärt Silvan bestimmt, ohne sie hätte er das nicht geschafft. «Man schaut immer nur den Verunfallten an. Aber ohne meine Frau und meine Kinder wäre das nicht gegangen. Ohne sie hätte ich es nicht so weit gebracht», weiss er.

Freude hat er an seinen beiden Kindern, die er langsam aber sicher auch fürs Holzen begeistern konnte. Die 12-jährige Nicole war schon immer Feuer und Flamme für Wasser und Holz. Mit ihr kann Silvan stundenlang durch Bäche waten. «Vor kurzem hat auch Florian gesagt, dass er einmal mitkommen möchte zum Holzen», erzählt er strahlend. Dass nun auch sein 18-jähriger Sohn Interesse am Rheinholzen zeigt, freut Silvan besonders.

«Mein Kampf ist noch nicht zu Ende. Irgendetwas habe ich noch zu erledigen auf dieser Welt, denn sonst hätte ich in diesem Schlammgraben nicht überlebt», sagt Silvan zum Schluss, «ich möchte etwas Sensationelles erfinden, für Menschen, denen es nicht so gut geht», erklärt der Rheintaler. Energie dazu hat er im Moment noch, sogar für eine eventuelle Olympiateilnahme 2012 in London. Und vielleicht kann er dann auch Frieden finden mit sich und seiner Geschichte, mit dem Rhein und dem Holz.

Chantale Küng

Stefan Strässle,
Oberriet

Der Spätberufene und seine Frau

Der Himmel verdunkelt sich. Wie ein schwarzer Vorhang türmen sich die Wolken auf. Nach einem schwülwarmen Tag zieht ein erstes Herbstgewitter über das Rheintal hinweg. Der schwere Regen prasselt auf die Erde, gebietsweise hagelt es, halbe Bäche fliessen über die Strassen, es windet orkanartig mit Windgeschwindigkeiten bis zu 130 Kilometern in der Stunde, es blitzt und donnert. Die Temperatur ist innerhalb kürzester Zeit um gut die Hälfte gesunken. Das Thermometer zeigt 15 Grad an. Wird der Rhein heute noch steigen, wird er Holz bringen? Und wenn schon, irgendwo ist bestimmt eine überzählige Jacke zu finden.

Stefan Strässle öffnet die Haustüre des Holzhauses im Rehag in Oberriet, nahe des Hirschensprunges. Er stellt Andrea vor, seine Ehefrau, und «Pädi», die Nachbarin, die eben gerade zu Besuch vorbeigekommen ist. Gemeinsam sitzen sie bei Kaffee und gefülltem Biber in gemütlicher Runde in der wohlig warmen Stube. Beinahe wäre der Termin ins Wasser gefallen, erzählen sie. Die Spannung in den vier Wänden ist greifbar. In diesem Jahr habe der Rhein bisher fast kein Holz gebracht. Der letzte grosse Fang liege fast drei Monate zurück. Doch «wenn es soweit ist, wird ausgerückt.» Besuch hin oder her.

Kein Weg zu weit

Stefan Strässle ist bekannt für seine Planung. Es wird gemunkelt, dass sich die Rheinholzer zuerst über seine Ferienplanung informieren, bevor sie selber Urlaub buchen. Einmal befand er sich in Tschechien, als er erfuhr, dass es bald Zeit zum Holzen sei. Sofort wurde die Heimreise angetreten. Er fuhr durch die dunkle Nacht, der Adrenalinspiegel stetig steigend. Von Tschechien direkt an den Rhein, nachts um ein Uhr, nach sieben Stunden Fahrt. Doch mit Rheinholzen war es schon vorbei. Schlafen konnte er aber auch nicht. Er drehte sich im Bett, und um fünf Uhr morgens stand er wieder auf. Er fuhr wieder an den Rhein und warf nach den letzten Holzklötzen der Hochwassernacht.

Dabei mag er das Holzen lieber bei Tag. In der Nacht, beleuchtet zwar mit zwei Scheinwerfern sowie den Stirnlampen auf dem Kopf, ist er sich der Risiken bewusst: «Es ist schwieriger zu erkennen, wann Holzstämme kommen. Man fällt immer wieder über eine Wurzel, gerne auch in ein Loch.»

Der Gefahren wegen sind früher auch die Kinder Michael, Patrick und Nicole selten mit an den Rhein gekommen. «Beim Rheinholzen bleibt keine Zeit, sich um Kleinkinder zu kümmern. Da wusste ich sie lieber in ihrem warmen Bett oder sonst umsorgt von ‹Gömern› aus der Verwandtschaft», erzählt Andrea.

In den Nachkriegsjahren soll das noch anders gewesen sein, wird unter den Rheinholzern

Inzwischen haben sich auch Stefan und seine Familie an der Wuhr einen festen Standplatz gesichert.

Während der Rhein
weiter steigt, organisiert
Stefan die nächsten
Schritte und legt das
Material bereit.

erzählt. Da nahmen sie meist Kind und Kegel mit an den Rhein. Für manche ging es um die Existenz. Da kam es schon mal vor, sagt man, dass an der Wuhr «Kinder mit einem Strick festgebunden wurden, damit sie nicht ins Wasser fallen, wenn die andern dem Rheinholzen nachgingen.»

Erst spät auf den Geschmack gekommen

Heute macht es einfach stolz, das Haus mit eigenem Holz zu heizen. «Drei Ster habe ich in diesem Jahr rausgezogen, doch die Saison kann noch lang sein.» An einem trockenen Tag nach dem Hochwasser werden die Stämme vom Rheinbord hochgezogen, anschliessend auf einen halben Meter angezeichnet und mit der Kettensäge zersägt. Danach werden die Rugel verladen und in den Rehag gefahren, damit am Rhein der Platz für die nächste

Holzerei bereit ist. Zwischendurch trifft sich die ganze Familie an einem Feuer im Rheinvorland und brät eine Wurst. Dies ist seit 1997 Tradition.

Zuvor wärmte Holz aus heimischen Wäldern die Stube: «Bezug zum Rhein hatten wir damals wenig.» Andreas Vater Alfons war Revierförster: «Anfangs konnte er es kaum glauben, dass wir das Holz aus dem Rhein fischen, während anderes im Wald verfault.» Stefan ist der erste Rheinholzer in der Familie. «Das sind doch alles ‹Spueli›, wegen ein bisschen Holz Stunden am Rhein zu stehen», dachte Andrea früher.

Stefan selber ist ein Quereinsteiger. Bis 1997 spielte er im Musikverein Oberriet. Erst nach dieser Zeit begann die Rheinholzerleidenschaft. Als er mit dem damaligen Rheinholzer-Chef Paul Kühnis an den Rhein ging, war es um ihn geschehen. Er kann sich noch gut an diesen Tag, beziehungsweise

an diese Nacht erinnern. Der Wurfhaken landete im Wasser und verschwand samt Seil im reissenden Fluss. Der Rhein brachte immer noch ein bisschen Holz, aber der Strässle hatte keinen Wurfhaken mehr.

Der Newcomer war fasziniert vom Handwerk, das kaum über das Rheintal und den Werdenberg hinaus verbreitet ist. Er ging und besorgte sich neue Wurfhaken: «Denn, stell dir vor, der Rhein kommt, und du hast kein Handwerkszeug.» Unterhalb von «Kobelis Päul» steht er seither an der Wuhr, hegt und pflegt seinen Platz. Neuestens sogar mit dem Rasenmäher: «Ich ärgere mich, wenn ich mit dem Seil hängen bleibe.» Hier stehe er manchmal Stunden: «Solange der Pegelstand des Rheins steigt, gehen wir nicht nach Hause, auch wenn kein Holz in Sicht ist.»

Die Farbe Blau als Markenzeichen

Angeregt wird erzählt und erzählt. Die Leidenschaft ist spürbar, die Augen glänzen. Es sei faszinierend, wenn der Rhein Wellen schlage, stark anschwelle, langsam dunkles Wasser talwärts fliesse und dann Holzstamm um Holzstamm daherkomme.

Der Rheinholzer holt einen Wurfhaken aus dem Keller und zeigt in der Stube seine Technik. Einen von vielen, die dort hängen. Später steigen alle mit ihm hinunter in den Keller und er zeigt stolz die Wurfhakensammlung. Viele haben eine eigene Geschichte: «Den da erhielt ich zu meinem 40. Geburtstag. Der ist von einem alten Rheinholzer, und das ist derjenige, den ich zusammen mit Andrea im letzten Winter aus dem Dreck am Rheinbord buddelte. Der Strick war mit Moos bewachsen, die weisse Hose meiner Frau danach dunkelbraun.» Alle Spitzeisen und Seile etc., die hier friedlich hängen und auf ihren Einsatz warten, sind blau markiert. Das Markenzeichen der Strässles.

Die Blicke schweifen durch die Stube. Rheinholz ist im wunderschön dekorierten Raum keines zu sehen, obwohl die Hausherrin gerne kreativ arbeitet und derzeit gerade mit der Tischdekoration für die Generalversammlung des Vereins, wo sich jährlich alle Rheinholzer treffen, beschäftigt ist. In der Küche hängen Fotografien, Wasser und Steine. Auch in einer Vase liegen solche mit faszinierenden Strukturen und Zeichnungen. Holz,

Auch Ehefrau Andrea ist bei Wind und Wetter mit dabei.

Steine und viel mehr bringt der Rhein mit sich. Gartenstühle, Bänke, Fussbälle, ja sogar Velos und Autopneus.

Flaschenpost wird beantwortet

Oft auch eine Flaschenpost. «Mir und meiner Mama geht es gut, wir wollen dieses Glück weiterschenken», stand da zum Beispiel auf einem Stück Papier. Der Brief ist mit Moritz unterzeichnet, seitenverkehrt geschrieben, wohl von einem Kind im Kindergartenalter. Andrea schreibt zurück, so wie bei allen Briefen per Flaschenpost die eine Adresse enthalten, und erhält wieder Antwort. Für Strässles bedeutet das Rheinholzen und die Begegnungen am Rheinufer Glück. Man verliere das Zeitgefühl vollends, wenn man dastehe, fasziniert von den Naturgewalten. Sie schwärmen: «Was gibt es schöneres, als nach einem erfolgreichen Tag am Rhein, durchnässt und manchmal schlotternd vor Kälte, in die Badewanne zu steigen und danach eine warme Suppe zu geniessen?»
Andrea Kobler-Kobelt

Jimmy Lüchinger,
Montlingen

Der Stählerne,
der mit dem Holz spricht

Ein Spätsommermorgen am Rhein bei Montlingen. Der Himmel ist stahlblau, die Temperaturen sind angenehm warm. Der Rhein sucht sich seinen Weg freundlich und ruhig talabwärts. Es kommt nicht oft vor, dass Jimmy Lüchinger einfach so am Ufer steht, abwechselnd ins Wasser oder hinüber ins nahe Koblach blickend. Und trotzdem hat der Rhein für ihn eine ganz besondere Bedeutung. «Nicht umsonst sagen wir hier ‹Vater Rhein›. Er trennt uns Rheintaler zwar von den Vorarlbergern, er gibt uns aber auch viel und prägt uns.»

Jimmy erzählt, dass die Natur am Rhein für ihn vor allem ein Naherholungsgebiet sei. Hier jogge er gerne und oft. Immer zuerst gegen den Strom, talaufwärts: «Ich kämpfe, verarbeite den Tag.» Ganz anders fühlt er sich, wenn er kehrt macht und den Heimweg talabwärts in Angriff nimmt. Jetzt sind Körper und Seele in einem Fluss: «Ich fühle mich leicht und offen. Vielfach entstehen in diesen Momenten auch kreative Ideen für mein Geschäft.»

Der Rhein als Lebensader

Auf den Namen Dietmar getauft, ist Lüchinger, der heute von allen «Jimmy» genannt wird, zusammen mit zwei Schwestern und drei Brüdern an der Dorfstrasse inmitten von Montlingen aufgewachsen. Für ihn ist der Rhein eine Lebensader, die trennt, aber auch verbindet.

Beispiele, weshalb der Rhein trennt, kennt er vor allem aus seiner Jugendzeit. Es herrschte grosse Rivalität unter den Jugendlichen beidseits des Rheins. Es gab hüben und drüben immer wieder Raufereien. Vielfach wurde in Koblach beim ADEG, nur einige Gehminuten über die Rheinbrücke, eingekauft. «Zum Dank, dass wir Butter oder Käse drüben holten, wurden wir von den gleichaltrigen Koblachern verspottet und geschlagen – ihnen erging es genauso, wenn sie zum Beispiel für den Kauf von Zucker oder Nudeln in die Schweiz kamen.»

Prägender aber als die Trennungen durch den Rhein sind die Verbindungen durch das Rheinholzen. So hatte der viertgeborene der sechs Kinder immer eine besonders enge Beziehung zur Familie, vor allem auch zu seinem Vater Josef. Während er jetzt hier am Ufer steht, wird es ihm bewusst, dass ihn der Vater immer gerne auf seine sonntägliche Ausfahrt auf der Vespa mitnahm – und auch zum Rheinholzen. Es war die dritte und vierte Generation der Familie, die hier holzte. «Ab dem Schulalter war der Einsatz der Kinder auch gefragt. Meist versammelten wir uns alle, inklusive Mutter Agnes. Das Holz war damals, anders als heute, für sehr viele Montlinger Familien ein wichtiges Heizelement.» Zudem konnten grosse Stämme auch an die regionalen Sägereien verkauft werden.

Der Platz an dem wir stehen und an dem der Rheinholzer jeweils die Haken auswirft, heisst «Hofur». Woher der Name stammt, weiss Jimmy nicht mehr. Ob damit die Energie zum Ausdruck gebracht wurde, die seine Familie beim Rheinholzen zeigte? So trägt zum Beispiel ein Vulkan im Krafla-Vulkansystem im Norden Islands diesen Namen. Wohl näher liegt aber die Vermutung, dass Hofur durch «Ho», das in der älteren Sprache eine Nebenform zu hoch war, und der schweizerdeutsche Ausdruck «Fure», der eine Furche, respektive einen Einschnitt im Boden oder einen Graben bedeutet, entstand.

Hüter der Familientradition

Einiges habe sich verändert, seit damals, als er seine ersten Schritte als Rheinholzer tat. Bei Tages-

Mit dem Rheinholzen aufzuhören war für Jimmy nie eine Frage.

anbruch war es, als der Rhein Holz brachte. Die Wuhr war baumfrei und der Rhein voll Holz. Das Gelände war viel tiefer, das Holz kam näher ans Ufer als heute. Damals brachte der Rhein an einem Tag mehr Holz als heute über ein halbes Jahr gesehen. Auch steht er heute allein am Ufer – die andern fehlen. Vorbei sind die Zeiten als er mit Mutter, Vater und Geschwister und später zusammen mit Bruder Sepp holzte. Obwohl dieser bereits bei der damaligen Swissair in Zürich arbeitete, kam er ins Rheintal, wenn der Rhein Holz brachte.

Auch Ehefrau Rosi, ennet dem Rhein in Koblach aufgewachsen, begleitete ihn gerne, und ab und zu waren auch seine Töchter Virginia und Sabrina mit von der Partie. Doch heute ist Jimmy der Einzige, der noch in Montlingen wohnt und der einzige aus der Familie, der noch dem Rhein-

holzen nachgeht. Deshalb ist er froh, dass er vor zwei Jahren seinen Gross-Cousin Kurt «Mambo» Lüchinger für das Hobby begeistern konnte: «Allein schon des Risikos wegen, das es bedeutet, allein zu holzen.» Doch viel grösser ist die Freude, ein Kulturgut und eine Familientradition weitergeben zu können, einem Verwandten, der jünger ist als er selber.

Ein Zweikampf

Die Tradition des Holzens aufzugeben kam für Jimmy Lüchinger nicht in Frage: «Das ist eine Leidenschaft, eine Sucht, die man nicht so schnell los wird.» Oft wird über ihn gesagt: «Der riecht's und spürt's, wenn der Rhein Hochwasser bringt.» Er beobachtet das Wetter besonders, schaut, wie sich der Rhein entwickelt. Egal zu welcher Tages- oder Nachtzeit, regelmässig fährt er zur Rheinbrücke. «Wenn das erste Tageslicht im Rhein schimmert, ist die Stimmung am Ufer besonders schön.»

Er erinnert sich daran, mit einer Sonnenbrille geholzt zu haben, um das Holz im Gegenlicht zu sehen. Obwohl keine Wasserratte, bestehe doch eine grosse Verbindung zum Wasser. Er ist im Sternzeichen Fische geboren und seine Augen funkeln blau beim Erzählen. Je höher der Rhein, je grösser die Herausforderung beim Holzen. Er erinnert sich, wie seine Familie einen «XL-Haken» von der Rheinbrücke hinunterpendelte, daran ein XL-Seil. 400 Meter seien sie gerannt, um das Holz an Land zu bringen.

«Der Vater ging oft auch mit dem Ruderboot raus, um das Holz mit einem Bickel anzuschlagen.» Auch er möge den Rhein und sei fasziniert vom Spiel mit der Natur: «Das Holzen eines jeden Brocken Holzes, ob 4 oder 15 Meter lang, ist ein Zweikampf.» Manchmal härter, als er es aus seiner 23-jährigen Karriere als regionaler Fussballer kennt. Oft spricht er mit dem Holz wie früher auf dem Fussballplatz mit seinem Kontrahenten. «Du kunnscht jetzt hära. Di bring i ina», tönt es dann durch den Wind. Holzt Lüchinger während des Tages, strotzt er danach vor Energie, und will er nach dem Holzen in der Nacht die Augen schliessen: «Dann sehe ich vor meinem geistigen Auge meist nur noch eines: Holz, Holz und nochmals Holz.»

Keine Schwäche zeigen

Der heute 51-Jährige denkt nochmals zurück: «So fanatisch und verrückt wie mein Vater war ich nie», lacht er. Ganz selten waren die Momente, in denen der Sohn seinen Vater auch von einer ganz anderen Seite kennen lernte. Zum Beispiel nach einer durchzechten Nacht am Montlinger Grümpelturnier, als ihn Mutter Agnes zu Hause mit den Worten empfing: «Es ist Zeit zum Rheinholzen.» Ohne Umschweife habe er sich auf den Weg zum Rhein gemacht. Mit dabei: Chris und Mark, zwei Jungs aus New York, die am Montlinger «Grümpel» gekickt hatten. Diese wollten natürlich wissen, was es mit Rheinholzen auf sich hat.

Jimmy schmunzelt, wenn er von dieser Episode erzählt. Aus dem für seinen Vater und ihn

Vater war ein Vorbild

Vater Josef fischt nicht mehr am Hofur. Er starb 1984. Die Verbindung zwischen ihm und Jimmy, dem heute einzigen verbliebenen Rheinholzer der Lüchingers, ist geblieben. Vater war ein Vorbild. Seit Kurzem ist er ihm wieder ganz nahe – zu Hause beim Felsenbad auf dem Bergligrundstück. Der Rheinholzer, gemeisselt in Vaters Grabstein, ist dort die Quelle des Wassers. Dem Wasser, das für unser Tal – und für Jimmy Lüchinger im Besonderen – eine derart grosse Bedeutung hat.

ansonsten eher ernsten Rheinholzen wurde eine Gaudi. Trotz der durchzechten Nacht. Und die New Yorker sponnen ihre eigenen Pläne und lachten: «Stellt euch das Aufsehen vor, wenn wir auf einmal aus dem Hudson River Holz fischen würden.»

Andrea Kobler-Kobelt

Gross-Cousin Kurt «Mambo» Lüchinger ist auch vom Rheinholzervirus befallen.

Marcel Baumgartner,
Kriessern

Ein Rheinholzer,
der am Haken hängt

An Marcel Baumgartners renoviertem Haus – er wohnt zur Miete in einem ruhigen Kriessner Einfamilienhausquartier – deutet nichts auf den Rheinholzer hin. Ein roter Roller steht vor der Tür, zwei Mountain Bikes versperren den Weg, auf dem Fensterbrett spriessen Küchenkräuter. Keine Holzbeige weit und breit. Wäre da nicht der zusammengeklappte Feumer an der Seitenwand, bliebe auch Baumgartners zweite Leidenschaft verborgen: Hier lebt ein Fischer mit seiner Frau. Es gibt zwar kein Bänkli vor dem Haus wie im Märchen der Gebrüder Grimm, aber einen ovalen, dunkelblauen Kunststofftisch mit Stühlen auf dem Gartensitzplatz.

Die Stille am Rhein

Der Metallbauschlosser trägt Jeans und Adiletten. In seinem linken Ohrläppchen steckt ein Ohrring. Seine Freizeit verbringt er am Rheinufer zwischen Kriessern und Montlingen. Die Familie mäht den Rheindamm und hält ihn buschfrei. Marcel Baumgartner fischt mit Würmern Forellen.

Ob am Morgen früh oder am Feierabend: Er liebt die Stille am Rhein. Es ist sonst niemand draussen, höchstens seine Frau, die ab und zu mitkommt und ein Buch liest. Die Autobahn ist kaum zu hören. Schon sein Grossvater hat hier sein Brennholz herausgefischt, sein Vater tut es noch immer, auch wenn er die Rennerei und den Kampf mit den Stämmen inzwischen vermehrt seinen beiden Söhnen überlässt. Sie führen die Tradition weiter. Selbstverständlich. Keine Frage.

Das Holz kommt in den elterlichen Holzofen, der die Zentralheizung speist. Marcel Baumgartner heizt vorerst mit Öl, zum Holz aus dem Rhein greift er nur beim Grillen. Wenn Besuch kommt, lässt er den schnellen Gasgrill links liegen und entfacht im grossen Metallbottich ein richtiges Holzfeuer. «Rheinholz gibt eine bessere Bratwurst», ist der Kriessner überzeugt. «Es verleiht dem Fleisch eine gewisse Würze, da würde ich darauf schwören.» Erstmals huscht ein zaghaftes Lächeln über sein kontrolliertes Gesicht, der Interviewerin läuft unterdessen das Wasser im Mund zusammen.

Eigene Regeln

Zum Rheinholzen geht er, seit er laufen kann: «Ich weiss nichts anderes.» Mutter Eliane kochte Kaffee im umgebauten Barackenwagen, man briet Würste am offenen Feuer, verhandelte Pegelstände, Wind und Schwemmholz. Baumgartner spricht vom «Familienbetrieb».

Mit 15 oder 16 dann warf er erstmals den Haken aus. Der Kriessner entschwindet in den nahen Schuppen, um mit einem blauen Wurfhaken wieder aufzutauchen. Seinen Lieblingshaken hat er selbst geschweisst. Er taugt ihm am besten. Der geschwungene Holzstiel stammt aus Vaters Schreinerwerkstatt, das 25 Meter lange Nylonseil endet in einer Schlaufe. Eine Spezialität der Familie. Andere Rheinholzer halten das Seilende lose in der Hand, damit sie den Stamm besser loslassen können, wenn ihnen die Strömung die Beute entreisst. Die Baumgartners dagegen hängen an der Schlaufe, damit sie beim Auswerfen den Haken nicht verlieren.

Brenzlig sei es nur einmal geworden, und das sei schon lange her: «Wir rannten alle drei dem Stamm weit rheinabwärts nach, ich stolperte über ein Gebüsch, mein Bruder liess los und Vater schleifte es am Boden nach, weil er sich nicht rasch genug losmachen konnte.» Der Schrecken steckte ihnen noch lange in den Knochen, die Schlaufe haben sie trotzdem beibehalten.

Wenns notwendig
wird, steigt Marcel auch
mal ins Wasser.

Der 33-Jährige legt Wert auf das Urteil seines Vaters und mag nicht ohne Haken zum Standplatz zurückkommen: «Man hat seine eigene Meinung, den eigenen Grind, aber er war am längsten draussen und hat die grösste Erfahrung.»

Familienordnung prägt

Am Kriessner Rheindamm ist die patriarchale Familienordnung ungetrübt. Es läuft so ab, wie es der Vater vorgemacht hat. 1987, als der Rhein so hoch war, dass man nicht mehr holzen konnte, holten die Eltern die Kinder aus dem Bett: «Kommt mit an den Rhein, das seht ihr nie wieder!» Das prägt. Marcel Baumgartner folgt seinem Vater nicht in allen Bereichen nach. Bei der Berufswahl hat er eine Ausnahme gemacht. Er lernte nicht Schreiner wie sein Vater, sondern Metallbauschlosser, ohne je

etwas anderes geschnuppert zu haben. Seit seinem Lehrabschluss stellt er bei Lüchinger Metallbau Fenster, Türen, Vordächer und Geländer her. Von A bis Z. Er arbeitet gerne im Dorf. So kann er mittags bei seinen Eltern essen.

Und was ein richtiger Metaller ist, baut sich auch seine Möbel selbst. Der Couchtisch aus Vierkantrohr und der Blechschrank für den Fernseher zeugen davon. Sogar das Doppelbett hat er selbst konstruiert. «Holz entspricht mir nicht, ich habe lieber ein Stück Metall in den Händen», sagt der Mann, der das Rheinholzen liebt. Ein Widerspruch? «Das ist etwas anderes», wirft Baumgartner ein. «Beim Rheinholzen geht es darum, möglichst grosse und lange Stämme herauszufischen.» Auf das Zersägen und Spalten hat er keine Lust, aber es gehört dazu. «Gut, dass man heute für alles eine Maschine hat, damit geht es ruck, zuck.»

«Als wir klein waren, ‹rupften› wir alles raus, heute nehmen wir nur noch frisches Holz, möglichst frisch umgekippte Stämme.» Nach dem Rheinholzen schläft Marcel Baumgartner wie ein Herrgott. Manchmal wirft er noch im Traum nach den Stämmen. Anderntags geht's gleich wieder raus an den Rhein, um die Holzbeige zu begutachten. «Beim Holzen bist du so im Fieber, dass du gar nicht merkst, wie viel du herausgenommen hast.» Man geht rundum schauen. Der Neid ist grösser, wenn möglichst langes Holz dabei ist. Eine Art Wettbewerb unter den Holzern. Fast wie beim Fischen. Baumgartners brauchten auch schon einen Holztransporter, um die Stämme nach Hause zu bringen.

Was hat sich sonst noch geändert? «Das Material hat sich verbessert, die Stahlhaken sind härter, die Nylonseile stärker, und wir fahren nicht mehr alle paar Stunden an den Rhein hinaus, um den Wasserstand zu prüfen.» Marcel Baumgartner informiert sich täglich via Radio und Fernsehen über die Wettersituation, im Teletext findet er die Regenmenge, im Internet konsultiert er die Pegelstände beim Kraftwerk Reichenau und anderen Messstellen. «Wenn die Kurve der hydrologischen Daten steigt, hat man noch ein paar Stunden Zeit, dann geht man mal raus.» Währenddessen war sein Vater schon drei bis viermal am Rhein nachschauen. Gewohnheit.

Und die Frau von Marcel? «Marlene kommt immer mit, bleibt aber bei den Frauen und Kindern.» Sie habe Angst um ihn. Sie spricht es nicht aus, aber er nimmt es an. Genau wie die Mutter: «Sie sagt, sie komme nicht raus, aber dann kommt sie doch und schaut zum Rechten.»
Jolanda Spirig

Die Rheinholzer werden von den Kindern schwer bewundert.

Reto Baumgartner,
Kriessern

Der Holzfischer, der schon mal Lust auf einen echten Fisch hat

Reto Baumgartner wohnt bei seinen Eltern in Kriessern. Der Diwan für den Mittagsschlaf steht in der Ecke, daneben ein Kinderhochstuhl und Spielsachen für die Enkelkinder, Reto Baumgartners Neffen. Der 31-Jährige hat auch im Rheinholzer-Film mitgewirkt. Geredet hat dort nur sein Vater, der Sohn sprang vom Wagen ins knietiefe Rheinwasser, das Seil in der Hand, um rheinabwärts zu rennen und das Holz an Land zu ziehen. Trägt er keine Handschuhe? «Das ist etwas für Memmen», lacht Reto, der vor Schrunden und Blasen nicht zurückschreckt. Das Rheinholzen sei ein alter Brauch. Mutter Eliane spricht von Sucht, doch auch sie ist zur Stelle, wenn das Holz kommt. «Sie bringt Benzin, den Vesper, trockene Kleider», sagt der Sohn. Was fasziniert ihn am Rheinholzen? «Es macht Spass.» Und was noch? «Das ganze Drum und Dran.» Und im Besonderen? «Wer den Grössten rausnimmt.»

Reto Baumgartner spricht von Baumstämmen. Er schmunzelt: «Man zündet hin und her, zu den Diepoldsauern oder zu den Oberrietern.» Und dort heisst es, die Baumgartners seien «wilde Siechen». Weil sie sich das Seilende als Schlaufe um die Hand legen, damit sie den Wurfhaken nicht verlieren. Lebensgefährlich sei das. Und weil sie den Wagen ans Rheinufer stellen und von dort aus werfen.

Knietiefe Fluten

Wo die Baumgartners holzen, hat der Rheindamm einen flachen Absatz. Wie gemacht für den Ladewagen. Auf dem Karren stehen sie zu zweit oder zu dritt, einen Meter ab Boden und näher dran am Wasser. Von dort werfen sie weiter. Reto Baumgartner wirft nach Gefühl, eher spät. Die andern schleudern ihre Haken früher. Den Stamm im hinteren Drittel zu treffen sei schwierig. Und wenn der Rheinpegel steigt und der Wagen im Wasser steht, bahnen sie sich halt mit ihren stämmigen Beinen den Weg durch die knietiefen Fluten. Hauptsache, sie ziehen den Grössten raus. Schwager und Onkel rennen mit und packen die Stämme mit Stangenhaken und Zabi. Vater Eugen hievt die gekaperten Bäume mit dem Traktor an Land.

Bei schönem Wetter gehe es am Rhein zu und her wie an der Kilbi: «Man würde gescheiter einen Stand mit Würsten und Bier aufmachen. Dann könnte man das Holz kaufen», witzelt der junge Rheinholzer. Ernst ist es ihm nicht damit. Das Prahlen mit den längsten Stämmen würde ihm fehlen. Hat er je gegen den Vater und die harte Arbeit am Rhein rebelliert? «Nein nie, wir waren immer froh, wenn wir mitmachen durften.»

Er spricht damit auch für seinen Bruder Marcel. Beide essen mittags zu Hause, schiessen im Schützenverein und fischen im Rhein. Wie Vater und Grossvater. Reto Baumgartner hat Metallbauschlosser gelernt wie sein Bruder. Er richtet bei Jansen Maschinen ein, und wenn der Rhein Holz bringt, ruft er seinen Chef an, und der gibt ihm frei. «Wegen einem fällt das Haus nicht um», weiss der Rheinholzer und meint damit sich selbst.

Alles bereit

Und wo steht er, dieser Wagen, auf den sie beim Rheinholzen steigen, um ihre Haken auszuwerfen? Reto Baumgartner geht voran in den nahen Schuppen. Das Gefährt, das in alten Zeiten Schollen transportiert hat, steht bereit für den Einsatz am Rhein. Die Stangenhaken hängen an der Wand. Reto würdigt sie keines Blickes. Er hält sich an die Wurfhaken. Darauf kommt es ihm an. Sie hängen an der Wasserleitung in der Garage. Vater Baumgartner hat mit dem Werfen angefangen, während Grossvater Baumgartner sein Holz noch mit Stangen aus dem Rhein fischte. Damals schwemmte es viel mehr Holz an als heute, und wenn der Schnee

Ein ehemaliger
Schollenwagen dient
Baumgartners als
Plattform zum Werfen.

in den Bergen schmolz, holten sich die Kriessner täglich ihr Holz aus dem Fluss.

Der Metallbauschlosser lässt die harten Stahlspitzen lasern und formt daraus seine eigenen Haken. In der neuen Werkstatt am Dorfrand, die die Baumgartners selber gebaut haben: ein handwerkliches Bijou mit Blumenrabatten und einem wuchtigen Metalltor. Der stilisierte Wurfhaken am Fenstergitter und der ausgewaschene Baumstamm am Strassenrand machen klar, wer hier haust.

Vaters Traktor ist in der Werkstatt parkiert, neben Retos glänzendem, cognacfarbenem Pickup. Der steht zum Verkauf. Die Fischerstiefel des Bruders liegen am Boden, weitere Wurfhaken stecken an der Wand, das Plakat des Rheinholzer-Films zeugt vom Ruhm des alten Brauchs, der in der Familie mit so viel Inbrunst gepflegt wird. An der Seitenwand hängt eine Schweizer Fahne. Hier wird auch Geburtstag gefeiert, laut und feuchtfröhlich zweifellos. Sie stören niemanden hier draussen, wo

Rheintaler Feldhasen über nackte Schollen hüpfen, Füchse durch die Felder streifen und Störche ihre Kreise ziehen.

Trotz Schneeschmelze fliegt Reto Baumgartner, der im Ausgang kaum je über Oberriet hinauskommt, vor Auffahrt mit seinem Bruder und einigen Rheinholzer-Kollegen zum Fischen in den Norden. Zehn Tage lang wie jedes Jahr. Wegen der Natur, den Fischen und der Stille in den endlosen Wäldern. Dieses Jahr geht's nach Åland. Åland? Er

holt die Karte. Der Archipel zwischen der schwedischen und der finnischen Küste besteht aus über 6500 Inseln und Schären. Sie mieten zwei Blockhütten und fahren mit dem Fischerboot übers Brackwasser. Wo Süss- und Salzwasser zusammenkommen, fangen sie Hechte, Egli und Meerforellen. Baumgartner schwärmt: «Wenn es zu viele sind, werfen wir sie wieder rein, den Rest vespern wir.»

Das Unwetter

Und wenn im Rheintal dann genau das Hochwasser kommt? «Dann hat Vater keine Freude! Er sagt immer, was wollt ihr dort oben, bleibt da, man weiss nie, wann der Rhein kommt.» Sie fahren trotzdem und verpassen das grösste Unwetter seit dreissig Jahren. Am Dienstag nach Auffahrt wird im Radio die Alarmstufe eins ausgerufen. Orkanböen fahren in die Wälder, Blitze zucken, der Hagel trommelt auf Felder und Autodächer.

Der heftige Gewittersturm, der mit Windgeschwindigkeiten von über 100 Stundenkilometern über die Schweiz braust, richtet nicht nur in der Landwirtschaft grosse Schäden an. Umgerissene Bäume blockieren Bahnlinien und Strassen, Dächer werden abgedeckt, Bäche treten über die Ufer. Im Kanton Thurgau wird ein Mann von einem Baum erschlagen, in Luzern eine Frau von einem Ast verletzt. Reto Baumgartner ruft zu Hause an. «Kommt der Rhein?» Er führe Hochwasser, heisst es, aber Holz bringe er keines. Der Gewittersturm hat das Einzugsgebiet des Rheins verschont. Die Ferienfischer atmen auf. Sie haben nichts verpasst.
Jolanda Spirig

Andrea Gründler-
Kühnis, Hinterforst

Das Mädchen auf der Holzbeige

«Hier bin ich!», ruft Andrea Gründler-Kühnis aus der dritten Etage durchs Treppenhaus. Man sieht der zartgliedrigen Frau im apricotfarbenen Long-Shirt die Rheinholzerin nicht an. Ganz und gar nicht. Rennen solch rotlackierte Zehen etwa in schweren Schuhen den Rheindamm entlang? Zerren diese gepflegten, beringten Hände tatsächlich ganze Baumstämme aus dem Rhein?

Der Schein trügt. Wenn die 49-jährige Sicherheitsbeamtin ihre schlanken Arme bewegt, zeichnen sich wohltrainierte Muskeln ab. «Gopferteli, kannst du ziehen!» Dieses Kompliment hat die attraktive Rheinholzerin, die auch vor handwerklichen Arbeiten nicht zurückschreckt, häufig gehört. Die einstige KV-Angestellte weisselt die Küche, ersetzt Silikonfugen, hantiert mit Bohrmaschine und Motorsäge, als hätte sie nie etwas anderes gemacht. Sie lebt aber auch ihre zarte Seite aus. Feine Bastelarbeiten schmücken das Wohnzimmer mit der pastellfarbenen Polstergruppe. Zitronengelbe Vorhänge flattern im Wind. Auf der Anrichte liegt ein mit bunten Stoffblumen verziertes Stück Rheinholz.

Um einiges rustikaler geht's auf dem Balkon zu. In der Ecke steht ein rauer Holzstamm. Sand und Steine im Astloch künden vom ausgedehnten Bad im Rhein. Andrea Gründler hat den Stamm eigenhändig herausgezogen. Nun dient er ihr als Unterlage für die Geranienkiste.

Der Apfel fällt nicht weit vom Stamm

Die im Zeichen des Wassermanns geborene Tochter des Oberrieter Rheinholzers Paul Kühnis war schon als kleines Mädchen mit ihren vier Geschwistern bei jedem Hochwasser am Rhein: «Ich sagte nie, ‹ich will nicht mit›. Das gab es nicht.» Und mit sieben oder acht Jahren sass die kleine

Andrea auf der Holzbeige vor dem Tenn und träumte. «Ich liebte das Holz», sagt sie lächelnd, und ihre dunkelbraunen Augen leuchten. Das Holz aus dem Rhein fasziniert sie noch immer. Obwohl sie selbst kein Holz braucht, ist sie auch beim Sägen, Spalten und Beigen zur Stelle. Die Eltern heizen damit, und wenn sie zu viel davon haben, verkaufen sie einen Ster oder zwei.

Es ist Mitte Mai, die Saison beginnt. Noch türmen sich die Schneemassen in den Alpen. Auf dem

Vater Paul Kühnis «Kobelis Päul» ist eine Legende an der Wuhr und ihr Lehrmeister.

Hier in Oberriet holzt die Familie Kühnis – meist begleitet von einer Menge Zuschauer.

Hohen Kasten hat der Föhn nur noch wenige Schneefelder übrig gelassen. Im Tal ist der Löwenzahn verblüht, das erste Heu eingebracht, der Rheinpegel steigt seit Wochen kontinuierlich an. Wenn nun das grosse Unwetter kommt, dann kommt auch der Rhein und damit das Holz. Sobald sich der Himmel verdüstert und der Regen einsetzt, zieht es Andrea Gründler an den Rheindamm. Ist das Wasser dreckig? Ist es grau und lettig? Dann weiss sie: Der Rhein hat die Sandbänke mitgenommen. Neuerdings holzen sie nicht nur zwischen Mai und Oktober, sie rücken sogar im

Dezember oder im Februar aus. Der Klimawandel macht sich bemerkbar.

Der Kampf mit den Naturgewalten

Im Kellerabteil des Mehrfamilienhauses liegt alles bereit, was Andrea Gründler zum Holzen braucht: Regenzeug, Stiefel, drei Paar Handschuhe, eine Vliesjacke, selbst gestrickte Socken und Hosen zum Wechseln, eine gelbe Sicherheitsweste und Reflektoren für die Nacht. Schön geordnet in einer blauen Faltkiste. Zabi und Stangenhaken warten in

der Ecke auf ihren Einsatz. Wenn das Holz ruft, bleibt keine Zeit, um die Sachen zusammenzusuchen. «Rheinholzen ist Teamarbeit, jeder weiss, was er zu tun hat», sagt Andrea Gründler. Ihre Brüder und auch der 85-jährige Vater werfen die Wurfhaken aus, und sie rennt mit dem Zabi oder dem drei Meter langen Stangenhaken rheinabwärts dem Stamm nach, greift das Holz, löst den Wurfhaken und bindet den Baumstamm ans steile Bord. «Bei einem kurzen Stamm springt einer, bei einem langen springen drei.» Sie liebt den Kampf mit den Naturgewalten, das Werweissen, wenn ein mächtiger Baum dahertreibt: «Sollen wir den anwerfen, mögen wir ihn halten?» Inzwischen werfen und springen auch ihre beiden Söhne. Auch sie kennen und respektieren die Kraft des tosenden Wassers.

Der Teamgeist spornt an, aber wie im wirklichen Leben sind auch am Rhein nicht alle Menschen gleich: «Früher war alles klar: Sie werfen, ich renne.» Für Mädchen sei das Werfen zu gefährlich, hatte es stets geheissen. Dass ihr Vater immer nur die Buben werfen liess, wurde ihr erst vor zehn Jahren so richtig bewusst. «Gopferteli, warum durfte ich nie werfen?», stellte sie ihren Vater wiederholt zur Rede. Dieser räsonierte nicht lange: «Es braucht die anderen auch.» Sie hat es dann doch versucht, warf aber nicht so weit wie die Männer. Ausserdem war das Seil für die Linkshänderin falsch herum gewickelt. «Was man von klein auf macht, hat man im Griff», tröstet sich die Rheinholzerin und hält sich weiterhin an Zabi und Stange.

Auch wenn das Werfen mehr Prestige bringt: Die 56 Kilo leichte Frau ist beim Heranziehen der Baumstämme gefordert: «Eine 20 Meter lange Tanne ist ein ‹Huerachrampf›.» Ist sie schon mal hineingefallen? «Das sind wir alle. Dann heisst es Zack!, sofort nach Hause und trockene Sachen anziehen.» Andrea Gründler ziert sich nicht. Weder beim Rheinholzen noch im Job. Die ausgebildete Detektivin arbeitet im Sicherheitsdienst. Sie überwacht Baustellen und kontrolliert Gebäude. Tagsüber und nachts. Hat sie keine Angst, wenn sie auf verdächtige Gestalten stösst? «Eine gesunde Angst braucht es, wichtig ist das Auftreten», weiss die Frau, die in einem Bürojob unglücklich wäre.

Sie braucht die Bewegung und die Kraft des Wassers. Wenn sie frei hat, wandert sie an Bergbächen oder fährt mit dem Velo den Rhein entlang, setzt sich auf einen Stein und schaut in den rauschenden Fluss. «Das tut mir gut, das brauche ich.» Dass der Rhein um das Fünffache anschwellen kann, fasziniert sie. Sie kennt aber auch den Zwiespalt. Wenn wie 2005 Zelte, Stühle, Polstergruppen, ja ganze Häuser in den Fluten treiben, blendet sie den Schrecken nicht aus, den das Unwetter in den Tälern angerichtet hat. Für die einen ein Segen, für die andern ein Leid.

Die Leidenschaft

Wir sitzen am Küchentisch. Ihr Vater fahre jeden Tag zum Rhein hinaus. Er finde immer etwas: liegen gelassene Gegenstände wie Schirme, Rucksäcke, Fotokameras und Jacken oder im Rhein treibende, unbemannte Gummiboote, Wasserbälle, Flaschenpost oder Gartentore. «Er riecht es, wenn das Holz kommt», ist die Tochter überzeugt. Wenn die Kollegen von Felsberg anrufen, wissen sie, dass die Stämme in vier bis fünf Stunden am Oberrieter Zoll sind. Schade nur, dass die Illmündung umgebaut worden ist. Seither ziehen ganze Holzteppiche auf der österreichischen Seite an den Rheinholzern vorbei, ohne dass sie das Holz erreichen können. Vor der Umgestaltung trieb ihnen die Ill die Stämme direkt vor die Haken. «Damals mussten wir holzen. Wir haben damit geheizt.» Heute ist es die Leidenschaft, die Andrea Gründler antreibt. Ihr Arbeitgeber hat ein Einsehen.
Jolanda Spirig

Andrea Kühnis steht zu ihrer vererbten Leidenschaft.

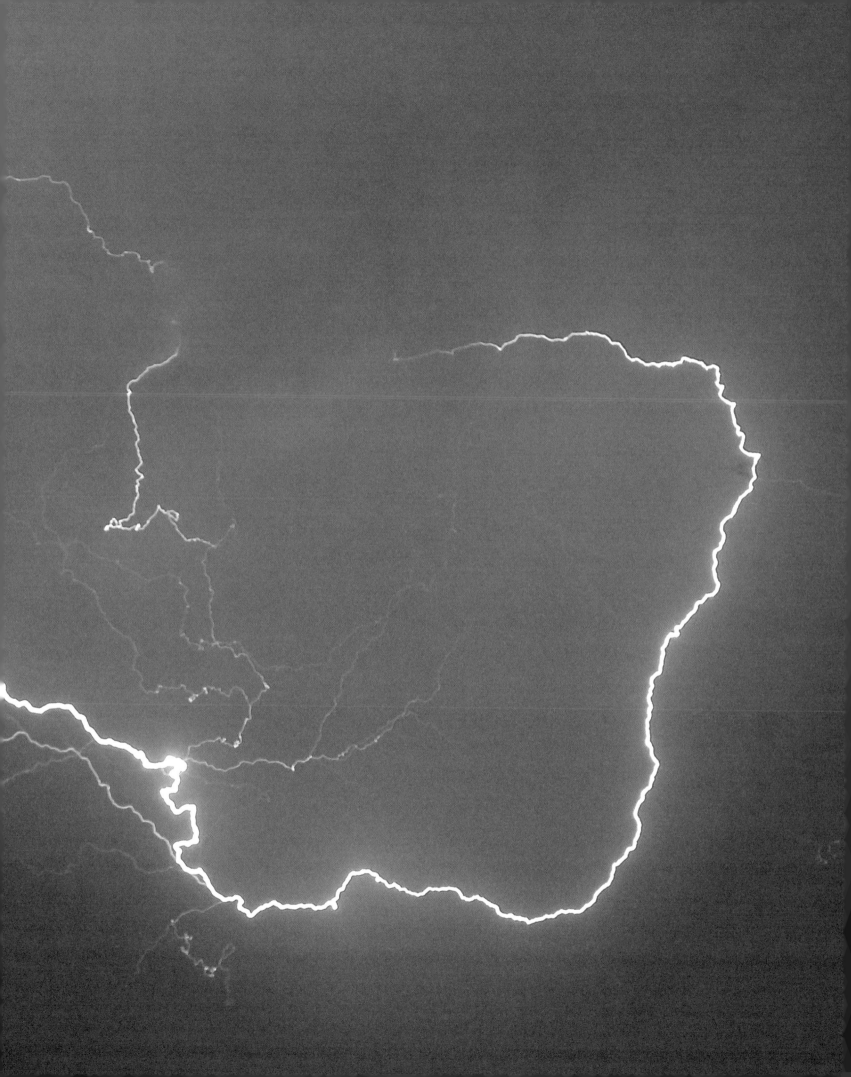

Rolf Gächter, Rüthi

Ein Finanzchef,
der den Rhein riecht

Es ist sein Lieblingsplatz hier draussen am Rhein. Unbestritten. Rolf Gächter, einer der letzten Rheinholzer in Rüthi, lässt den Blick über das niedrige Wasser gleiten, streckt seine Nase in den Wind und geniesst die frische Luft in vollen Zügen.

Sein Bruder Marino sagt, dass Rolf riecht, wenn das Hochwasser kommt. «Im Moment keine Spur von Hochwasser», stellt der sportliche junge Mann aber fest. «Die letzten zwei Jahre gab es kaum eine richtig gute Gelegenheit zum Rheinholzen», führt er aus und beobachtet ein Grüppchen Menschen, das auf der nahe gelegenen Sandbank mit einem Hund spielt. Alle sind fröhlich und lachen. Er erinnert sich an die vielen schönen Stunden, die er hier draussen mit seinem Bruder, seinem Vater und seinen Freunden schon verbracht hat. Mit oder ohne Rheinholzen.

«Ich kann den Rhein tatsächlich riechen», bestätigt Rolf. Nicht prahlerisch, nüchtern, als ob es die grösste Selbstverständlichkeit aller Zeiten sei. «Das können aber andere auch», relativiert er. «Beginnt der Rhein zu wachsen, führt er viel mehr Sand und Ablagerungen mit. Das macht den anderen Geruch aus. Es ‹sändelet› dann richtig und ich kanns von zuhause aus riechen,» erklärt der Kenner. Gleichzeitig bekomme das Wasser im Fluss dann jeweils auch eine andere Farbe als normal.

Noch nie ans Aufhören gedacht

Für Rolf Gächter ist das Rheinholzen einerseits die Weiterführung einer alten Familientradition und andererseits ein Bestandteil seiner sportlichen Aktivitäten. Er spielt im Verein Fussball, geht gerne in die Berge, fährt Bike, und liebt das Skifahren, vor allem das Tourenfahren. Seine Sportlichkeit hilft ihm auch beim Rheinholzen und hat ihm den Ruf des besten Werfers an der Wuhr eingetragen. Ein

eigentliches Wettwerfen unter den Rheinholzern gibt es natürlich nicht. Rolf selber mag das vom besten Werfer auch nicht bestätigen. «Der Beste oder nicht, Hauptsache ist, ich treffe und ziehe die grossen Brocken an Land.»

Der Rhein hat auf ihn schon als Kind eine riesige Faszination ausgeübt. «Das hier draussen war das Paradies», erinnert er sich. Und ist es bis heute geblieben. Die Ruhe, das dahinfliessende Gewässer und das einzigartige Panorama sind bester Ausgleich für eine hektische Arbeitswelt, sich permanent verändernde Werte und immer wieder neue Anforderungen an den Menschen in seinem beruflichen Alltag.

Rolf Gächter nennt sich nicht nur Rheinholzer, sondern er ist auch Rheinholzer mit einer tiefen innerer Überzeugung. Für ihn ist es eine Auszeichnung, Rheinholzer zu sein. Er verfolgt das Wetter aufmerksam, hält sein Werkzeug immer seriös im Schuss, und er weiss von Wanderungen zu den Zuflüssen, wo noch grosse Holzmengen am Boden liegen und auf das nächste Hochwasser warten. Er nutzt zur Beurteilung der Lage auch das Internet. «Wenn man dann beispielsweise auch noch Zugang zu metereologischen Daten und den Pegelständen am Rhein hat, dann kann man schon ziemlich genau voraussagen, wann das nächste Rheinholz kommt», lässt er sich in die Karten schauen.

Ans Aufhören hat Rolf Gächter noch nie gedacht. Im Gegenteil. Als er nach der Lehre beruflich im Tessin und in St. Gallen tätig war, da habe ihm der Rhein und die Rheinholzerei schon gefehlt, erzählt er. Seit er wieder in Rüthi wohnt und eine Familie gegründet hat, liess er kein Hochwasser aus. Er hat an der Wuhr zusammen mit seinem Bruder Marino sozusagen einen Stammplatz. An der schärfsten Kurve des ganzen Rheinlaufs zwi-

Das nächste Ziel schon
ins Visier genommen.

schen Trübbach und St. Margrethen. «Unser Holzerplatz ist nicht nur ideal, sondern es ist der beste
Platz weitherum», ist Rolf überzeugt. Er und sein
Bruder pflegen den Platz auch. Schneiden immer
wieder die Stauden, ebnen Stolperlöcher aus und
befreien die Wuhr von lästigen «Miglen». Das sei
auch im Sinne der Sicherheit wichtig, erklärt der
Rheinholzer.

Zustände wie im Paradies

Vor Ort dann zeigt er, wo beim Hochwasser am
19. Juli 1987 das Wasser stand. «Bis hierher, ein
Meter über dem Weg, war alles zugeschwemmt.
Der Rhein wuchs und wuchs. Das Holzen wurde
immer schwerer, aber das Wasser schwemmte uns
die schönsten Klötze direkt vor den Wurfhaken.»
Zustände seien das gewesen, fast wie im Paradies.

Gerade in solchen Situationen sei es wichtig, dass
sich alle an die Spielregeln halten und einen kühlen
Kopf bewahren. «Wir gehen kein sinnloses Risiko
ein», sagt Rolf. Bei allem persönlichen Ehrgeiz und
dem Fieber nach dem Rheinholz: «Man muss
manchmal auch die Gnade haben, einen Klotz laufen zu lassen.» Selbst wenn es ab und zu mal einen
Wurfhaken koste. Der Rhein sei unberechenbar
und zeige immer wieder mit seiner ganzen Wucht,
dass er der Stärkere sei.

Für Rolf, der auch am Rhein den Eindruck
eines cleveren Analysten macht, ist Rheinholzen
nicht nur eine Sache der Kraft, sondern ebenso des
Kopfes. «Grade als Werfer musst du dich laufend
und innert kürzester Zeit mit neuen, veränderten
Situationen auseinandersetzen. Diese schnell beurteilen und dann zum richtigen Wurf ansetzen.»
Der Rhein warte nicht, bis man bereit sei. Darum

müsse auch das Teamwork an der Wuhr draussen stimmen. «Wir verstehen uns und es fallen keine überflüssigen Worte», stellt Rolf Gächter fest und macht damit seinem Bruder und den allenfalls auch beteiligten Söhnen gleichzeitig ein schönes Kompliment.

Im Siegesrausch

Und wie ist das Gefühl, wenn man als Rheinholzer Erfolg hat und am Abend vor einer riesigen Beige mit schönen, mächtigen Baumstämmen steht? «Das Gefühl ist am ehesten vergleichbar, wie wenn man beim Fussballspielen ein Tor schiesst», macht Rolf Gächter einen Vergleich aus der eigenen Erfahrung. «Du freust dich und spürst eine tiefe innere Befriedigung, die man eigentlich nur sehr schwer beschreiben kann.» Ein Gefühl auf alle Fälle, das ganz schön süchtig machen könne, gibt er zu.

Die Gedanken, die sich der junge Familienvater manchmal am Rhein draussen macht, gehen oft weiter als nur bis zum augenblicklichen Moment. Zum Gewinnen oder Verlieren. Beute oder eben nicht Beute. Wenn er in einer freien Minute hier an der Wuhr sitzt und das Ganze geniesst, lässt er seine Gedanken ab und zu in die Weite schweifen und fragt sich, wie wohl die Zukunft aussehen wird. Bezüglich dem Erhalt der Familientradition ist er zuversichtlich, da die eigenen Jungen sich auch für das Rheinholzen interessieren.

Rolf Gächter hat von den Renaturierungsplänen am Rhein gehört. Er wäre sofort dafür, obwohl sie vermutlich erhebliche Auswirkungen auf die Rheinholzerei haben würden. «Die Sache müsste gut überlegt sein und es müsste eine Koexistenz möglich sein», macht er zur Bedingung. Er traut den Fachleuten zu, dass sie so wichtige Prämissen wie Hochwasserschutz, Grundwasser, Gerölltransport etc. unter einen Hut bringen können. Rolf hat als seinerzeitiges Mitglied der Ortsverwaltung Rüthi an vorderster Front miterlebt, wie der Binnenkanal bei Rüthi renaturiert wurde. «Eine phantastische Sache», stellt er fest.

Bei all seinen Ausführungen schwingt beim abgebrühten Rheinholzer der Respekt vor dem Fluss immer mit. «Die Grenzen sind gesetzt und so wird es wohl auch in Zukunft bleiben.» Die Sicher-

heit vor dem Fluss sei eine wichtige Errungenschaft unserer Zeit und dürfe nicht aufs Spiel gesetzt werden. Rolf Gächter, der den Rhein schon in allen Situationen erlebt hat, weiss wovon er spricht.
Kuno Bont

Der Stein auf dem Stamm

Die Rheinholzerei lebt von der Tradition. Diese ist gezeichnet von uralten Überlieferungen und Gebräuchen, die von Generation zu Generation weitergegeben werden. So nehmen die Rheinholzer noch heute erfolgreich herausgefischtes Schwemmholz in den Besitz, indem sie einen grossen Stein auf den Baumstamm legen. Das wird von allen an der Wuhr respektiert und ist sakrosankt. Wer dagegen verstösst, muss mit heftigen Reaktionen rechnen.

Nach jedem Wurf wird das lange Seil des Wurfhakens neu gewickelt.

Christoph «Sumähl»
Wüst, Oberriet

Rheinholzer mit 350 Sachen unterwegs

Eigentlich heisst er mit bürgerlichem Namen Christoph Wüst, stammt aus einer 10-köpfigen Arbeiterfamilie in Montlingen und hat den Dachdeckerberuf erlernt.

Doch niemand nennt ihn Christoph. Alle sprechen vom «Sumähl». Als «Sumähl» ist er im ganzen Rheintal bekannt wie ein bunter Hund. Das hängt aber weniger mit seinem ungewöhnlichen Namen zusammen, als viel mehr mit seiner Art zu Leben. «Sumähl» ist jener Bursche, der in der Rockermontur auf der schweren Harley an der Spitze des Motorradclubs «Black Thunder» durchs Dorf donnert, er ist derjenige, der mit der Strech-Limousine, die einst Schlagersänger David Hasselhoff gehört haben soll, Freunde und Kollegen in die Stadt fährt, und «Sumähl» ist jener, der mit der schnittigsten und vor allem schnellsten Corvette im Rheintal über die Autobahn braust. Ein ganz und gar ausserordentlicher Typ.

Schon als Bub am Rhein

Wer in Montlingen wohnt, so sagt man, dem fliesst nicht nur Blut in den Adern, sondern auch mindestens ein Viertel Rheinwasser. Bei «Sumähl» ist es vermutlich sogar noch mehr. Schon als kleiner Bub ging er mit seinem Vater und seinen fünf Brüdern an den Rhein zum Rheinholzen. «Wir taten dies nicht nur gerne, sondern wir waren auch auf das Holz aus dem Rhein angewiesen», erzählt er. Alle mussten mithelfen, die ganze Familie. Mit Ross und Wagen sei man an den Rhein hinausgefahren, später als man sich einen Traktor leisten konnte, mit diesem.

Heute sind an die Stelle der Familie seine Motorradkollegen und Kumpels getreten. «Wir sind immer eine ganze Bande, wenn wir zum Rheinholzen gehen», beschreibt «Sumähl». Dass er ja kein

Hochwasser verpasst, dafür sorgt ein gutes Beziehungsnetz, das bis ins Oberland und bis nach Landquart reicht, wo seine Schwester wohnt. «Sobald das Telefon kommt, bin ich parat.»

«Sumähl», auch sonst der, der den Ton angibt und die wichtigste Rolle hat, liebt beim Rheinholzen vor allem das Werfen. «Weit werfen und treffen ist für mich die grosse Herausforderung», beschreibt er. Die Königsdisziplin sozusagen. Und «Sumähl» ist ein ausgezeichneter Werfer. Mit jeder Phase seiner Energie holt er weit aus, visiert sein Ziel an und wirft dann den Wurfhaken so präzise und genau, dass er meist wirklich dort sitzt, wo er hin soll. Meist. Manchmal geht es auch fürchterlich daneben. Dann ärgert er sich, flucht wie ein Rohrspatz, so als wollte die Litanei nie mehr enden und holt dann den Haken wieder herein um den nächsten grossen Brocken ins Visier zu nehmen. Er vergleicht das Ganze mit Fischen, nur dass beim Rheinholzen viel kapitalere Fänge an der Angel hängen. Dann lacht er wie ein auf den Hinterpfoten stehender Grizzli, dass es nur so durch die mit Auto-, Motorrad- und Frauenbildern geschmückte Mechanikerwerkstatt hallt.

Leben leben

Eigentlich hat es «Sumähl» in seinem Leben nie einfach gehabt. Bis er es selber in die Hand genommen hat. Sich nicht mehr «von jedem auf die Kappe scheissen liess» und seinen eigenen Weg einschlug. Er liebt die Freiheit und hasst zu viele Vorschriften und federfuchsende Bürokraten. Dabei ist sein Sinn für Fairness ausgeprägt. Davon wissen seine Freunde und Kumpels ein Liedlein zu singen. Sie wissen: Auf «Sumähl» kann man sich jederzeit verlassen. Wenn man ihn um Hilfe bittet, dann kommt er. Weniger beliebt ist er deshalb bei

Beim Werfen herrscht höchste Konzentration.

denen, die seine geballte Ladung an Energie schon mal handfest zu spüren bekommen haben. Auch das gibts.

«Sumähl» lebt das Leben. Er nimmt sich die Zeit bei Auto- und Töffrennen mitzumachen, für Buben und Mädchen Mofarennen zu organisieren, bei Festen auf die Pauke zu hauen und mit seiner Motorradgang die grosse Freiheit der Biker zu erkunden. Er arbeitet aber auch viel und ist gleich in mehreren Berufen tätig: Als Wirt auf der «Sonne»

in Oberriet, wo er jeden Abend ab 21 Uhr anzutreffen ist, mit den Stammgästen am Tisch diskutiert oder mit ihnen feiert. Oder als Automechaniker in seiner Werkstatt am Fuss des Semelenberges, wo er Autos und Töffs auf Vordermann bringt oder die verrücktesten «Geschosse» zusammenbaut.

Ohne ein zusätzliches Wort zeigt sein Daumen auf die super aufgerüstete Corvette hinten in der Werkstatt oder die drei Dragster, die er selber zu-

sammengebaut hat. Mitten im Raum steht ein altes Flugzeugtriebwerk, besser ein Düsenaggregat aus einem Jet. Auch das wird einst ein Dragster. «Vermutlich muss man den dann mit einem Fallschirm bremsen, so wird der abgehen», ist «Sumähl» in seinem Element.

Oft hingefallen und wieder aufgestanden

Etwas, das er schon als Dreikäsehoch gelernt hat, begleitet ihn durchs ganze Leben: Wer hinfällt, der steht auch wieder auf. Ob er in eine gesellschaftliche Norm passt oder nicht. «Mich hat es schon so viele Male auf die Schnauze gehauen, dass mir keiner mehr sagen muss, dies oder das könnte gefährlich sein. Das beurteile ich selber und trage auch die Verantwortung dafür!»

«Sumähl» glaubt daran, dass einem das Leben und der Tod vorbestimmt sind. «Wenn der Tod dich holen will, dann tut er es, ob du auf einem schnellen Töff sitzt oder im Schaukelstuhl in der Stube vor dich hindöst. Es macht deshalb Sinn, nach dem Hinfallen immer wieder aufzustehen», ist er überzeugt.

«Sumähl» ist aber längst nicht der egozentrische Typ, als den man ihn beim ersten Blick einstufen könnte. Im Gegenteil. Er gibt auch viel. Zum Beispiel den jungen Burschen, die bei ihm in seiner Werkstatt aufkreuzen. «Die meisten haben ein

riesiges Freizeitangebot, aber vieles, das sie gerne möchten, dürfen sie nicht tun», hat er festgestellt. «Deshalb lasse ich sie auch auf meinen Rennmaschinen fahren oder wir unternehmen gemeinsam etwas. Da ist immer etwas los und sie hocken nicht perspektivelos in der Beiz herum.»

Aber redet so ein Wirt? Einer, der eigentlich über jeden Umsatz froh sein müsste? «Das ist meine Überzeugung», sagt «Sumähl». Beiz bedeute nicht in erster Linie «saufen», sondern auch Kameradschaft, es lustig haben, miteinander zu diskutieren und Pläne zu schmieden. Genauso wie Rheinholzen nicht nur möglichst viel Holz aus dem Wasser reissen sei, sondern auch Spass bedeute, Platz zum Wetteifern sei und der Ort, wo man authentisch und unvermittelt spürt, dass die Natur und die Gewalt des Wasser dem Menschen noch heute knallharte Grenzen setzt.

Für «Sumähl» war der Rhein mit seiner hohen Fliessgeschwindigkeit noch nie ein grosses Problem. «Musst einfach schneller denken und handeln», lacht er. Er liebt Schnelligkeit. Motorräder, die abgehen wie eine Rakete und Sportwagen, die er selber frisiert hat. «Geschwindigkeit kann man beherrschen – aber man muss die Gelegenheit haben, den Umgang mit Geschwindigkeit zu lernen», ist «Sumähl» überzeugt. Darum auch seine Offenheit den Jungen gegenüber.

Das sei schon ein Teil seiner Lebensphilosophie, fügt er an und zeigt nochmals auf den Dragster in der Werkstatt, mit dem er am Wochenende im Vorarlbergischen an einem Beschleunigungsrennen teilgenommen hat. Was heisst er? «Ich war der Mechaniker, gefahren sind die andern.» Mit 350 Stundenkilometern auf einer Flugplatzpiste. Sie sollen auch etwas davon haben.

Eine Art von Grosszügigkeit, welche die jungen Leute im Umfeld von «Sumähl» beeindruckt. «Das gibt es nur bei ihm», ihr Tenor.
Kuno Bont

Kleinere Mängel
werden direkt auf dem
Platz behoben.

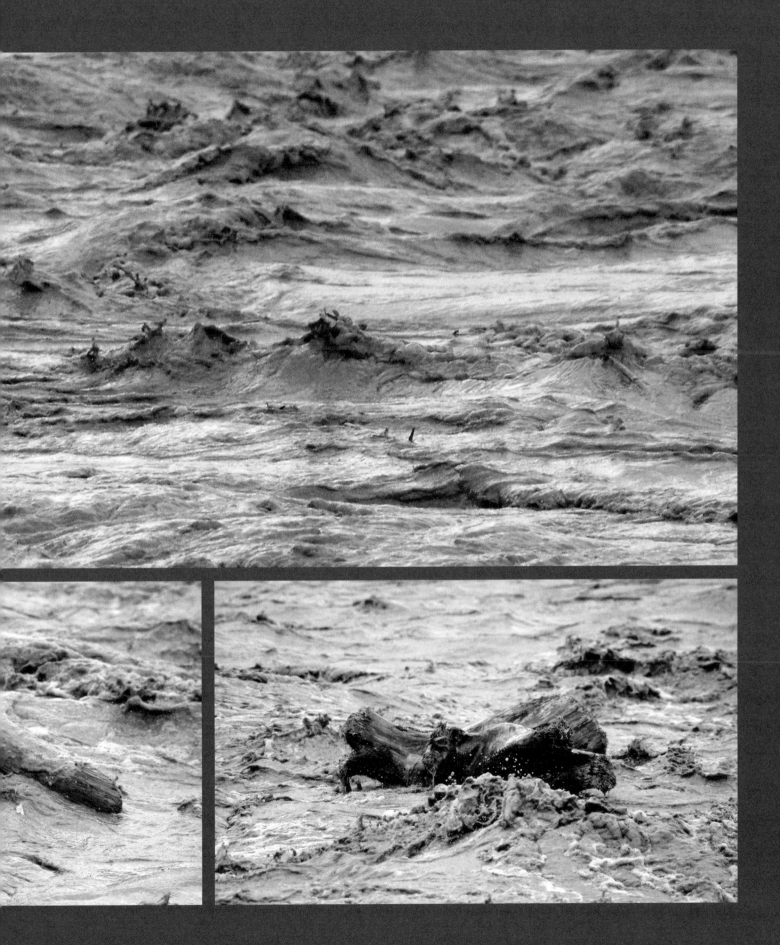

Alex Wüst, Kriessern

Karriere als Dreikäsehoch mit Traktorfahren begonnen

Es gibt zwei Leidenschaften im Leben des 21-jährigen Alex Wüst aus Kriessern: Das Motorradfahren und die Rheinholzerei. Wir treffen ihn an der Wuhr und es liegt auf der Hand, dass er dahin mit seiner Maschine kommt. Einer Yamaha 850 Strassenmaschine. Die Vorfahren, alle waren beigeisterte Rheinholzer, haben solch ein Teufelsgeschirr noch nicht gekannt, kamen entweder zu Fuss, später mit dem Velo oder mit dem Fuhrwerk an den Rhein, um nach dem überlebenswichtigen Holz zu werfen.

«Das war eine andere Zeit», bemerkt Alex. Er ist ein typischer Vertreter der jungen, der neuen Generation von Rheinholzern. Oft getragen von fast unbremsbarem Übermut, von einem ganz anderen Tempo im Leben und auf alle Fälle versehen mit Möglichkeiten, an die die Alten überhaupt nicht zu denken gewagt hätten.

Wenns brennt

Alex glaubt, dass jede Zeit ihr Gutes hat. Die vergangene, von Entbehrungen und Einfachheit geprägt, ebenso wie die neue, von einem riesigen Freizeitangebot und einer schier grenzenlosen Freiheit gekennzeichnet. «Der Mensch ist immer dann glücklich, wenn er zufrieden ist», philosophiert der junge Mann.

Er steht im letzten Jahr einer Lehre als Strassenbauer und hat Freude an seinem Beruf. Seit bald drei Jahren ist er auch Mitglied der Ortsfeuerwehr Kriessern. Dort könne er etwas für die andern tun, sagt er, wo man sonst doch von vielen Jugendlichen den Eindruck hat, sie schauen ganz egoistisch nur auf das eigene Vergnügen.

Stichwort Vergnügen: So ganz uneigennütz ist die Mitgliedschaft bei der Feuerwehr denn auch wieder nicht. «Die Proben habens in sich und die Pflege der Kameradschaft wird in der Feuerwehr Kriessern gross geschrieben. Da kommt es beim Nachhausegehen schon mal vor, dass es etwas später wird.»

Alex ist überzeugt, dass die Feuerwehr Kriessern die beste Feuerwehr ist. Schnell zur Stelle, wenn es brennt und sehr effizient. Das Gleiche gilt für ihn im Zusammenhang mit der Rheinholzerei. Schnell an der Wuhr und dann «drauf was das Zeug hält». Alex lässt sich kein Hochwasser entgehen. Besser – Wüsts lassen sich kein Hochwasser entgehen. «Rheinholzen ist eine Familiensache», weiss der junge Mann. Und in der Tat, alle sind schon bei den ersten Anzeichen auf eine fette Beute auf dem Platz. Kommen aus allen Windrichtungen angebraust. Mit ausgezeichnetem Material und Kind und Kegeln. Unter den Fittichen von Vater und Bruder gilt auch für Alex: «Wir sind zum Arbeiten da draussen.» Die Verschnaufpausen sind kurz bemessen und werden allerhöchstens länger, wenn die Schwemmholzfracht auf dem Wasser vorübergehend etwas nachlässt.

Dass die Werdenberger, Rüthner, Oberrieter und Montlinger Rheinholzer alles herausnehmen und ihnen nichts mehr übrig lassen, ist zumindest bis heute noch nie vorgekommen. Dabei huscht ein spitzbübisches Lächeln über das Gesicht von Alex Wüst. «Wir sind nicht verwöhnt und nehmen eben alles.» Ob «Migla» oder ein ganzes «Sägband». «An Hufa Kliis git o Groassas», habe schon der Urgrossvater gesagt, wenns ums Rheinholzen gegangen sei, erzählt Alex. Der Weissspruch gelte aber auch fürs Leben.

Damals habe man den Winter durch gefroren, wenn man kein Rheinholz vor dem Haus hatte. Der Bedarf sei bei ihnen auch heute noch ausgewiesen, erzählt Alex. «Wir verkaufen nichts, sondern müssen mit dem erbeuteten Rheinholz zwei

Alex Wüst fährt oft mit seinem Bike zum Rhein hinaus und schaut nach dem Rechten.

Häuser feuern.» Der Mensch habe es schliesslich gerne warm, und fühle sich an der Wärme viel geborgener, als draussen.

Glück gehört auch dazu

Die Rheinholzerkarriere von Alex Wüst begann natürlich nicht gleich direkt vorne am Wasser und mit dem Wurfhaken in der Hand. Zuerst habe er den Frauen helfen müssen «Migla» einzusammeln, dann, kaum konnte er mit seinen Füssen Bremse und Kupplung auf dem Traktor erreichen, wurde er zum Traktorfahrer befördert. Das habe er gerne gemacht und war damit manchem seiner Schulkollegen, die unter Umständen zuhause nicht einmal einen Traktor in der Garage hatten, an Erlebnispotenzial deutlich voraus. Übrigens – während er als Dreikäsehoch auf dem Traktor sass und jeweils die Beute auf die Vorlandstrasse gestreckt hat, ist nie ein Unfall passiert. «Als ich dann grösser

geworden bin, bekam ich schon bald einen eigenen Wurfhaken», erinnert sich Alex. Er ist ein guter Werfer und hat den Blick für die gesunden Stämme. Dennoch gibt er zu: «Es braucht auch etwas Glück.»

Natürlich ist er schon im Wasser gelandet. «Ein gewisses Risiko geht man immer ein», stellt der junge Mann fest. Dieses Denken und Handeln wiederum hat vielleicht dazu geführt, dass man von den Wüsts sagt, dass sie beim Rheinholzen «ganz wilde Hunde» seien. Sie sind sich auch nicht zu schade wegen einem guten Stück Holz ins Wasser zu steigen. «Wenn das dann die Zuschauer auf der Vorlandstrasse sehen, so kann ich schon verstehen, dass die sagen ‹die Wüsts spinnen›», beschreibt Alex mit einem leichten Achselzucken.

Dass bei ihnen die Messlatte etwas höher liege als vielleicht bei andern, sagt Alex, sei durchaus möglich, aber das sei schon immer so gewesen. Beim Vater, beim Grossvater und beim Urgrossvater. Dafür seien die Haufen Holz, die sie jeweils aus dem Rhein ziehen, auch grösser als manch andere, betont Alex. Sein grösster Fang bis jetzt? Daran erinnert er sich genau: «Eine 15-metrige Tanne, vor zwei Jahren.»

Wie von einem andern Stern

Wenn Alex Wüst bei Kollegen aus dem Rest der Schweiz vom Rheinholzen spricht, dann schütteln sie zuerst meist den Kopf und sehen ihn an, als ob er von einem andern Stern komme. So etwas Verrücktes! «Ja eben, das macht den Reiz aus», antworte er ihnen dann. Und andere, die schon mal vom Rheinholzen gehört haben, die wissen sofort, um was es geht. «Die meisten wollen dann unbedingt das nächste Mal dabei sein», stellt Alex fest. Manche seien auch tatsächlich schon gekommen. «Die einen waren eine echte Hilfe. Andere nicht.»

Seine zweite grosse Leidenschaft ist das Motorradfahren. «Das Gefühl beim Rheinholzen ist mit dem beim Töffahren übrigens fast das Gleiche. Rheinholzen ist auch etwas, bei dem man die Freiheit geniesst, es ist eine Herausforderung da, und der ganze Rest der Welt kümmert einem in dem Moment, wo man an der Wuhr steht und einen ganzen Baumstamm daherschwimmen sieht, herz-lich wenig. Wie beim Töffahren, wenn eine lange gerade Strasse und eine tolle Landschaft vor dir liegt, oder es eine kurvige Bergstrasse hochgeht», erklärt der Strassenbaulehrling.

Wie wichtig ist für Alex der Erfolg beim Werfen? Muss er einen anvisierten Stamm auf Gedeih und Verderben haben? «Nein, auch wir Wüsts respektieren die Grenzen», antwortet er prompt. «Man muss manchmal auch verzichten können, sonst kann es ganz schön ins Auge gehen.» Zudem sehe man eigentlich recht schnell, wenn es keinen Sinn habe.

Ein Familienereignis

Es kommt im Jahr etwa zwei- bis dreimal vor, dass die Wüsts tatsächlich zum Rheinholzereinsatz kommen. Das sei zwar nicht viel, sagt Alex, aber alle würden es immer sehr geniessen. «Der Zusammenhalt der Familie ist dann jeweils gut zu spüren», spricht er ein Thema an, das nicht nur in Rheintaler Familien wichtig ist. Und ist dieser Zusammenhalt für ihn als jungen, eigenständigen Menschen wichtig? «Auf alle Fälle. Man weiss wo man hingehört und wer zu einem steht», bringt er's auf den Punkt.

Kuno Bont

Da lacht des Rheinholzers Herz.

Patrik Wüst, Montlingen

Der mit dem Krokodil im Keller

Als Patrik in einem Neubau-Wohnquartier von Montlingen die Haustüre öffnet, fragt er zuerst: «Hast Du Angst?» Was soll diese Frage? Wovor denn? «Ich habe Schlangen und Reptilien im Haus», antwortet der junge Mann. Später stellt sich heraus, dass sie in grossen Terrarien eingesperrt sind und dass das etwa 1,20 Meter lange Stumpfkrokodil (Osteolaemus tetraspis) im Untergeschoss sogar ein grosses Wasserbecken zum «Herumkrokodilen» hat. Das Stumpfkrokodil lebt sonst im Westen Afrikas im Süsswasser.

Bei Hochwasser im Element

Als Lebensraum bevorzugt das Stumpfkrokodil flache, langsam fliessende Wasserläufe und Überschwemmungsflächen. Er auch. Patrik ist begeisterter Rheinholzer, von Kindsbeinen an, wie er sagt. Er hat schon mehrfach einen überschwemmten Vorgrund erlebt und sich darin mit seinem Wurfhaken mächtig ausgetobt. Wohlfühlen würde sich sein Stumpfkrokodil im Rhein aber nicht. Der Fluss ist ihm viel zu schnell. Vor allem bei Hochwasser und wenn er Rheinholz bringt. Dann wird er zum am schnellsten fliessenden Fluss in Europa, wie Fachleute wissen.

Das ist einer jener Momente, in denen sich Patrik pudelwohl fühlt. Der 32-jährige gelernte Möbelschreiner stammt wie sein Bruder Alex aus einer alt eingesessenen Rheinholzerdynastie in Kriessern und nutzt jede Gelegenheit um Rheinholz zu erbeuten. Er hat ein zielsicheres Auge, einen geübten Wurf und ist angefressen genug, um auch ab und zu ein paar Kratzwunden oder Schürfungen, die sich in der Hitze des Gefechts ergeben, in Kauf zu nehmen. Er erinnert sich daran, wie ihn sein Vater gelernt hat mit dem Wurfhaken umzugehen und beherzigt dessen guten Ratschläge noch

heute. Sein Vater hat sozusagen auch die Oberaufsicht über den Rhein. «Er hat einen siebten Sinn und ist immer im Bild, wie sich der Rheinpegel entwickelt. Mehrmals in der Woche schaut er draussen am Rhein nach, ob mit Hochwasser und Rheinholz zu rechnen ist», beschreibt Patrik.

Das Geschirr, wie er die Rheinholzer-Utensilien nennt, sei immer griffbereit. Und der angestammte Rheinholzerplatz zwischen den beiden Brücken von Montlingen und Kriessern wird stets sauber instand gehalten. «Wenn dann plötzlich das Rheinholz kommt, müssen wir mit dem Holzen beginnen können und nicht zuerst noch viel Zeit mit Staudenschneiden vergeuden», hält Patrik ganz im Stil seines Vaters fest.

Ein Schlaraffenland

Wüsts sind von ihrem Rheinholzerplatz überzeugt. Schon Grossvater und Urgrossvater haben hier geholzt. «Es ist der beste, den man haben kann», sagt Patrik. Früher war es noch besser als heute. «Der Umbau der Ill auf Vorarlberger Seite vor ein paar Jahren hat für uns die Strömungsverhältnisse nachteilig beeinflusst», erklärt er. Das bedeutet? «Vor allem die schönen und schweren Stücke wurden früher, wegen des steilen Einfallwinkels der Ill, näher an das weit gebogene Ufer zwischen Montlingen und Kriessern gespült. Es war wie im Schlaraffenland, wenn man dir die exotischen Köstlichkeiten unter die Nase hält», erinnert sich Patrik. Sie seien mit dem Werfen nicht mehr nachgekommen.

Und nun? «Wir haben uns mit den neuen Verhältnissen arrangiert», geht Patrik näher darauf ein. Wie ihre Nachbarn, die Baumgartners, holzen sie jetzt auch von einer «Schollentruken»-Brücke aus. «Damit haben wir wieder gleich lange Spiesse – der Rhein und wir», stellt Patrik fest. Aber den-

noch: «Nur ein guter Werfer mag sie erreichen.» Es seien allemal 10 bis 20 Meter bis zum Holz. Weit ist deshalb die Ausholbewegung von Patrik, wenn er so an der äussersten Kante der Wagenbrücke steht und einen daherschiessenden Stamm anvisiert. Wenn er dann wirft, hört man nicht nur seinen sofortigen Kommentar über Gelingen oder Nichtgelingen des Wurfes, sondern auch, trotz des dumpfen Rauschens des Flusses, das feine Zischen, mit dem das Seil dem Wurfhaken in den Fluss hinaus folgt. Und da wären wir wieder beim Lieblingshobby von Patrik. Das Zischen einer in Angriffsposition gehenden Kobra tönt etwa gleich. Kobras hält Patrik aber keine. Mehrere Boa-Riesenschlangen aber schon.

Für Patrik ist klar, warum auf Vorarlberger Seite, bei ihnen gleich vis-à-vis, niemand Rheinholzt. «Dort ist das Schwemmholz unerreichbar.» Das spielte früher keine Rolle. «Früher sind sie bei Hochwasser noch mit Ruderbooten hinaus gefahren und haben das Schwemmholz am Boot angebunden», weiss er zu berichten. «Mein Grossvater, der Simon Wüst, war der letzte Rheinholzer, der dies hier noch gemacht hat», erzählt Patrik. Das Boot sei dann defekt gegangen und nicht mehr ersetzt worden. Aber Teufelskerle seien das schon noch gewesen, die Rheinholzer, die sich bei derartig krassen Wasser- und Strömungsverhältnissen in den wilden Rhein hinaus gewagt haben.

Geblieben sind Erzählungen und Abenteuer, die von Generation zu Generation weitererzählt werden. Geschichten, bei denen einem «Durch-

Trotz vorgeschobener Plattform auf der Anhängerbrücke ist die Distanz zum Holz nach wie vor gross.

schnittsbürger» die Haare zu Berge stehen. Etwas zum Erzählen in langen Nächten am Rhein oder um die Jungen für die Rheinholzerei zu begeistern.

Ein Leben am Rhein

Seit sechs Jahren hat Patrik noch mehr mit dem Rhein zu tun, als früher. 2004 ist er nämlich in die Dienste des Rheinunternehmens getreten und besorgt seither täglich Unterhaltsarbeiten am Rhein. Ob das da keine Probleme gebe, wo man doch wisse, dass die Rheinbauleitung die Rheinholzer bei Hochwasser nicht so gerne am Rhein sieht? «Nein, überhaupt nicht.» Das Rheinunternehmen brauche Leute, die den Rhein und seine Eigenheiten verstehen, und – denen das Arbeiten am Rhein Spass macht. Das tut es Patrik. Er fühlt sich pudelwohl bei seinem Job und sieht noch heute jeden Tag viel neues am Rhein. Jetzt würden, erzählt er, die Verlandungen wieder herausgebaggert. «Eine Massnahme des Hochwasserschutzes. Nachdem der Sand weg ist, hat der Fluss in seinem Gerinne wieder mehr Platz.»

Patrik ist ein guter Schwimmer. Er hat wie sein Bruder Alex auch im nahen Baggersee das Schwimmen gelernt. Trotzdem hat er Respekt vor dem Rhein. «An den grossen Wuhrsteinen kann man sich schnell verletzten und der Zug des Rheins ist gefährlich», warnt er. Besonders heikel sei es jeweils in der Nacht. «Wir stellen zwar drei grosse Tausendwattscheinwerfer auf, damit kann man einen Fussballplatz beleuchten, aber Verhältnisse wie am Tag sind das nie». Dann sei es, so erzählt Patrik Wüst, besonders wichtig, dass man sich auf die andern verlassen könne. Rheinholzen sei so gesehen, obwohl manche das Gegenteil behaupten, kein Einzel-, sondern ein Mannschaftssport.
Kuno Bont

Holzen vom Boot aus

Höchsten Respekt geniessen bei den Rheinholzern jene, die früher mit einem Boot nach Schwemmholz gefischt haben. Dabei gab es immer wieder Todesfälle. Zuerst zogen die Holzer das Boot einige hundert Meter landaufwärts. Sobald sie besonders grosse Brocken sahen, ruderten sie darauflos. Jeder im Boot hatte seine Aufgabe. Derjenige mit dem «Biss» musste das Schwemmholz einfangen und während der Fahrt am Boot festmachen. Dann ruderten alle mit der schweren Fracht ans Land.

Schnell ordnet Patrik Wüst das Wurfseil für den nächsten Wurf.

Patrizia «Pädi» Goldiger,
Oberriet

Frau mit sprungsicheren Gummistiefeln

Alle, die sie kennen, rufen sie nur «Pädi». Sonst hört sie auf den bürgerlichen Namen Patrizia Goldiger und wohnt im kleinen Weiler Rehag, gleich beim Hirschensprung in der Gemeinde Oberriet. Patrizia kam vor 4 1/2 Jahren von Staad am Bodensee ins Rheintal und fand hier neue Freunde, eine andere Umgebung und ein idyllisches Plätzchen zum Wohnen.

Rheinholzen war völlig neu

Obwohl ja eigentlich Staad nicht so weit vom Rheintal weg ist, hatte «Pädi» bis zu ihrem Umzug nach Rehag noch nie etwas vom Rheinholzen gehört, geschweige denn, den Film über die Rheinholzer gesehen. Den aber hat sie ziemlich bald einmal bestellt und sich so ins Bild gesetzt. Fortan kannte sie die wahren Koryphäen der Rheintaler Rheinholzerei: «Kobelis Päul», Eugen Baumgartner, den «Sumähl», Jda Herrsche und Werner Wolgensinger, die alle im Film eine Rolle haben.

So richtig heiss aufs Rheinholzen gemacht haben sie zuvor schon Stefan Strässle und seine Frau Andrea, ihre Nachbarn. Sie sprachen vom Rheinholzen. Immer wieder. Von ihnen erfuhr sie, was Rheinholzen eigentlich ist und wie es in Leib und Blut übergeht. «Als dann das nächste Hochwasser kam, wollte ich mir das Ganze einmal aus der Nähe ansehen und bin ebenfalls, mit Regenkleidung und Gummistiefel ausgerüstet, zu Andrea und Stefan Strässle an den Rhein gegangen», erzählt «Pädi».

«Da war vielleicht der Teufel los. Die Rheinholzerei dauerte den ganzen Tag und der Rhein brachte Holz am laufenden Band, ganze Baumstämme samt Wurzeln, so etwas hatte ich in meinem Leben noch nie gesehen», erinnert sich «Pädi». Sie war aber bei Leibe nicht die einzige, die das Spektakel mitverfolgte. «Ganze Kolonnen von

Zuschauern standen auf der Rheinbrücke und auf dem Rheindamm. Buben, Mädchen, Väter und Mütter. Es war ein ständiges Kommen und Gehen.»

Sie aber blieb. Nicht eine Stunde, nicht zwei, sondern den ganzen Tag. Und sie stand nicht tatenlos beiseite, sondern schon bald war sie mittendrin und ein Teil des Geschehens. «Ich konnte Stefan und Andrea helfen Holz anbinden, fischte mit dem Stangenhaken Holz heraus und war am Abend nudelfertig», erinnert sie sich. Nicht einmal die nassen Kleider auf dem Leib habe sie gespürt, geschweige denn die Schrunden und Quetschungen, die sie sich zugezogen habe. Bis am andern

«Pädi» informiert sich an der Messstation beim Zollamt Oberriet über die Entwicklung des Pegels.

Morgen: «Da taten mir alle Knochen weh. Vom vielen über die grossen, angebundenen Baumstämme springen, hatte ich Muskelkater wie selten zuvor». Es sei ein einzigartiges und für sie ganz und gar unvergessliches Erlebnis gewesen. «Ich war sofort begeistert und richtiggehend angefressen vom Rheinholzen. Von mir aus hätte es schon am Tag darauf wieder Hochwasser und Rheinholz geben können. Ich wäre ohne lange nachzudenken wieder an den Rhein hinaus und hätte mitgeholfen», erzählt die junge Frau.

Beeindruckende Naturgewalten

Was war es, das «Pädi» so sehr beeindruckt hat? Die Exklusivität des Rheinholzens? Die Leute die Rheinholzen? Die Stimmung am Rhein? Oder am Ende gar der Rhein selber? «Genau das war es – der

Rhein», erinnert sie sich. «Ich habe noch selten die Natur so direkt, so nah und so wuchtig gespürt, wie bei jenem ersten Mal», erzählt sie. «Ich bewundere bis heute auch den Wagemut der Menschen, die dem Rhein die schweren Holzträmel mit ihren schwungvoll geworfenen Werkzeugen entreissen».

Später habe sie dann von der Rheinnot gehört, von der Hassliebe der Rheintaler zum Rhein, und davon, wie wichtig das Rheinholz in früheren Zeiten für manche zum Überleben war. «Da hat das ganze an Dimension nochmals gewonnen», sagt «Pädi».

Erstaunt ist sie auch vom Wandel, den der Rhein innert ein paar wenigen Stunden nehmen kann. «Es ist, wie wenn er zwei Gesichter hätte. Ein leises, sanftes, dem man bei Niedrigwasser oder bei einem Spaziergang auf dem Rheindamm begegnet, und ein lautes, rauhes, wenn er anschwellt, sich dunkelgrau verfärbt und alles mitreisst, was ihm in die Quere kommt.» Sie liebt beide Gesichter, das rauhe und das sanfte. So beeindruckend der Rhein auch sei, beschreibt sie weiter, Angst vor ihm habe sie keine. «Angst nicht. Aber Respekt.»

Eine Wasserratte

Wasser hat Patrizia Goldiger ein Leben lang begleitet. Schon in Staad wohnte sie ganz in der Nähe des Sees und genoss diesen bei jedem Wetter. Sie kommt ursprünglich aus der Gastronomie und arbeitet heute während den Sommermonaten als Hilfskraft im Schwimmbad von Oberriet. Den Winter verbringt sie in Savognin und ist dort beim Snowbiken wieder viel draussen in der Natur. Nässe macht ihr nichts aus.

Patrizia ist ein geselliger Mensch. Ist gerne dabei, wenn erzählt und berichtet wird, und weiss selber viel zur Diskussion beizutragen. So ist sie ziemlich bald nach ihrem ersten Kontakt mit den Rheinholzern der Rheinholzervereinigung beigetreten. «Die Jahresversammlungen sind ein Erlebnis für sich», lacht sie. So viel Urwüchsigkeit, Spontanität und Direktheit finde man sonst kaum. Auch als Zugezogene sei sie sofort aufgenommen worden und fühle sich bereits integriert. Nur schade, dass sie beim 20-jährigen Jubiläum, das die Vereinigung kürzlich gefeiert hat, nicht dabei sein konnte. «Da sind bestimmt wieder tolle Stories vom Rheinholzen erzählt worden.»

Die kreative Seite

Patrizia findet, dass der Mensch durch den ganzen Wohlstand viel zu bequem geworden ist. Er müsste mehr in die Natur gehen, rät sie. Sie selber holt sich dort nicht nur den nötigen Ausgleich, sondern auch Inspiration um kreativ sein zu können. Damit spricht die allein lebende junge Frau auch ihr zweites Hobby, das Schnitzen, an. Bald wird verständlich, warum sie in einer «Migla» oder einem Stück Rheinholz nicht nur das Rheinholz sieht, sondern schon Gesichter und Formen wahrnimmt, die man daraus schnitzen könnte.

«Unser Leben ist ein Geben und Nehmen», ist sie zur Erkenntnis gekommen. Das gelte auch beim Rheinholzen. «Der Mensch glaubt alles

steuern zu können und erschreckt dann fürchterlich, wenn er merkt, dass dem nicht so ist. Ein Blick in den Rhein bei Hochwasser genügt um jeden wieder zur Raison zu bringen.» Ein nachhaltiger Eindruck, wie sie findet.

Patrizia Goldiger selber ist auch in der Lage, nachhaltige Eindrücke zu hinterlassen. Zum Beispiel beim Kauf ihrer neuen Gummistiefel sei das der Fall gewesen, erzählt sie. «Nach dem ersten Erlebnis beim Rheinholzen habe ich gemerkt, dass für die Zukunft etwas dichtere Gummistiefel von Vorteil sein könnten. Also bin ich in die Landi gegangen und habe mich nach geeignetem, neuem Schuhwerk umgesehen. Um zu prüfen, ob ich darin einen guten Stand habe, bin ich offenbar wie ein Frosch durch die ganze Landi gehüpft», lacht sie. Zum Gaudi der andern Kunden. «Ich stand plötzlich im Mittelpunkt», erinnert sie sich. Seither stehen diese Gummistiefel bei ihr zu Hause, an Hosen befestigt, griffbereit, um ja keine Zeit zu verlieren, wenn es losgeht.

Kuno Bont

Auch mit dem Rheinholzerhaken hat es «Pädi» Goldiger schon mal probiert.

Beni Specker,
Montlingen

Drei wie Pech und Schwefel

Es ist typisch für Beni Specker, Michael Haltiner und Marco Schegg, dass sie an einem strahlenden Sonntag – weit und breit kein Wölkchen am Himmel, geschweige denn Regen oder gar ein Gewitter im Verzug – an den Rhein zum Rheinholzen fahren. Sie gehören zu jenen jungen Menschen, für die das Rheinholzen vor allem Spass und Vergnügen darstellt. Beim Überqueren der Montlinger Rheinbrücke haben sie gesehen, dass der Rheinpegel etwas gestiegen ist und ab und zu einen Brocken Holz bringt. Als echte Rheintaler schauen sie beim Überqueren immer in den Rhein. «Wahrscheinlich eine Folge des Gewitters von gestern», vermutet Marco, der ebenso wie Beni in Montlingen wohnt. Sie sind beim Zollamt Meiningen sofort umgekehrt. «Wir haben das Rheinholzerwerkzeug immer im Auto dabei.»

Autofreaks

Ein Blick auf die beiden Oldtimer, mit denen die drei Freunde unterwegs sind, lohnt sich. Echte Schmuckstücke. Einen Opel Admiral, Jahrgang 1975 und einen Opel Diplomat, Jahrgang 1970, beide umgebaut und mit einem schnellen V8-Motor versehen. Das hört man auch am «Spruch» der beiden Wagen. «Doppelter Hubraum, doppelte Leistung», erklärt Beni Specker, der gelernte Zimmermann, der seit zwei Jahren aber selbständiger Tiefbauunternehmer ist. Nach der Lehre, die er im Dorf absolviert hat, ist er einige Zeit in der ganzen Schweiz als Baumonteur unterwegs gewesen und hat das Leben in der Fremde kennen gelernt. Er versteht viel von Autos, Motoren, Baggern und Motorrädern. Dies nicht zuletzt, weil er im Militär als Lastwagenchauffeur ausgebildet wurde. Es gibt kaum ein Fahrzeug, das er nicht fahren kann. Ein absoluter Meister ist er auf dem Bagger, mit dem er

im Berufsalltag seinen Aufträgen nachgeht. Er schätzt genaues Arbeiten, Millimeterarbeit, wie er sagt, und baut auf eine seriöse und zuverlässige Ausführung. Eine gute Geschäftsphilosophie, wie der junge Mann erfreulicherweise feststellen konnte. Sein Start in die Selbständigkeit ist geglückt.

Mit Kennerblick

Wenn man die drei Freunde so sieht, mit ihren breitrandigen Hüten, den Sonnenbrillen und Michael mit der verkehrtherum getragenen Mütze, erinnern sie irgendwie an Surfbrettfahrer in Kalifornien, die das Leben geniessen und gerne im Mittelpunkt stehen. Beni, Marco und Michael gehen davon aus, dass die Brocken Holz, die jetzt im Rhein schwimmen, einst als Restholz auf den Sandbänken liegen geblieben sind und jetzt vom steigenden Wasser mitgeschwemmt werden. Für die echten Rheinholzer sei dies zu wenig. «Die sind sich nur grosse Brocken gewohnt und sitzen jetzt wahrscheinlich noch beim Sonntagskaffee,» spötteln die Jungs. Für sie aber ist das hier ausreichend Stoff und Gelegenheit, um miteinander um die Wette werfen zu können und um ihr Vergnügen zu haben, sagt Marco. Alle drei sind Mitglieder im Turnverein.

Der Rhein als Eventzone

Marco liebt das Rheinholzen. Es gibt eine Familientradition und er weiss sehr gut mit Haken und Stange umzugehen. Seine Freunde auch. Das Auge für die schönen Brocken hat Beni. Er erkennt sofort, welches Holz gesund, und welches faul oder morsch ist. Dann legen sie los. Schon mit dem ersten Wurf kriegen sie einen rund viermetrigen

Heute fahren die drei
Freunde mit ihren
Oldtimern am Rhein vor.

Michael «Miggi»
Haltiner, Kriessern

Stamm zu fassen. Jetzt hat sie das Fieber doch gepackt. Ein zweiter Haken wird geworfen und dann
ziehen sie ihre Beute geschickt ans Ufer. Ein erfreu-
licher Auftakt.

Am Rhein aufgewachsen, kennen sie sich hier
aus. Gleich wie für viele andere junge Menschen
auch, war der Rhein für sie schon immer in erster
Linie Abenteuerland. Weil er hier so nah an den
Dörfern ist, haben sie schon als Buben oft ihre
Freizeit hier verbracht. «Und dabei Dinge erlebt,
die man in der Stadt beispielsweise nie erleben
könnte», beschreibt Beni. Er gehört zu denen, die
ab und zu im Rhein schwimmen. Die meisten andern meiden ihn. Zu gefährlich, sagen sie. «Man
muss den Rhein nur kennen, dann ist es halb so gefährlich», entgegnet Beni. Das hat er seinem Grossvater zu verdanken. «Er war auch immer im Bild,
wann der Rhein Hochwasser hatte.» So habe er

Marco Schegg,
Montlingen

kaum ein Hochwasser verpasst. Bei Michael, oder «Miggi» wie ihn alle nennen, dem 22-jährigen Polymechaniker aus Kriessern, ist es die Tante, die ihm jeweils telefoniert, wenn der Rhein Holz bringt. Und auch bei Marco funktioniert das Buschtelefon. «Ich habe eine rheinverrückte Verwandschaft.» Da gehe es immer wie ein Lauffeuer rum, wenn der Rhein Holz bringe.

So haben die drei Freunde auch an diesem Sonntagnachmittag ihren Plausch beim Rheinholzen. Inzwischen brennt auf der Wuhr schon ein Feuer und weitere Kollegen, die übers Handy an die Wuhr dirigiert wurden, haben Cervelats und Bratwürste mitgebracht. Und etwas zum Trinken. Schon bald herrscht eine fröhliche Stimmung. Die Mädchen, die mit dabei sind, gehören zur Clique. Sie haben es gut mit den Jungs. Sind junge Rheinholzer attraktiver für Frauen als andere junge

Männer? Wäre schön, sind sich die drei Freunde einig und lachen was das Zeug hält. Generell nicht, sagen die Mädchen. «Was wir an den Jungs hier viel mehr schätzen, ist, dass mit ihnen immer etwas Spannendes läuft. Dazu gehört auch Rheinholzen. Ehrlich. Es muss kein riesen Klimbim sein, sondern wir sitzen viel auch so wie hier zusammen, rund ums Feuer, machen Witze und erzählen dies und das.»

So vergeht der Sonntag. Der Holzsegen im Rhein hat schon bald aufgehört. Es war ein Strohfeuer. Das Fest der jungen Leute an der Wuhr geht weiter. Es werden Pläne geschmiedet, Geschichten erzählt und es wird viel gelacht. Schon morgen winkt wieder der Arbeitsalltag. Dann stehen sie an der Werkbank in der Fabrik oder auf der Baustelle. Das ist der Ernst des Lebens.
Kuno Bont

Ivo Kühnis, Altstätten

Der Rheinholzer mit der Riesentanne

«Ich war von Bub an immer am Rhein draussen», erzählt Ivo Kühnis, der heute in der Rheintaler Metropole Altstätten wohnt, aber als Sohn von «Kobelis Päul», dem längjährigen Chef der Rheinholzer, in Oberriet aufgewachsen ist. Für ihn trifft in besonderem Masse zu, dass der Apfel nicht weit vom Stamm fällt. Der heute 48-Jährige ist mit Haut und Haar dem Rhein verfallen. War er schon immer. Für sie, damit meint er auch seine Geschwister, sei der Rhein so etwas wie die Kinderstube gewesen. «Hier hatten wir einen riesengrossen Spielplatz, hier erlebten wir viele Abenteuer und hier lernten wir die Macht des Wassers und der Naturgewalten im Massstab 1:1 kennen. Unser Vater hat uns früh mit den Gefahren am Rhein bekannt gemacht. Er hat uns aber auch die Faszination des Rheinholzens spüren lassen», blickt Ivo Kühnis zurück. Da sei nachvollziehbar, dass einem das Ganze in Fleisch uns Blut übergehe, meint er.

Ansteckend

Ivo Kühnis hat den Beruf des Metalldrückers erlernt und ist heute als Lagerist in der grossen Altstätter Firma Wager tätig. Er weiss aus Erfahrung, dass die Rheinholzerei und die Begeisterung für den Rhein ansteckend sind. In höchstem Masse sogar.

Der beste Beweis dafür ist seine Freundin, Miep Moser, die ursprünglich aus Holland kommt und die ganze Welt kennt. «Sie war schon in Hong Kong, in Manila, auf dem Philippinen. Aber noch selten hat sie etwas so fasziniert wie das Rheinholzen», sagt Ivo Kühnis. Miep arbeitet in der Spitalküche in Altstätten. Der Job gefällt ihr. Auch wenn sie Holländerin ist, hatte sie vor der Bekanntschaft mit Ivo noch nie vom Rheinholzen gehört. «Leider», meint Ivo mit einem Lächeln in seinem mit Stoppelbart gezierten Gesicht, «sonst wäre sie vermutlich direkt hierher gekommen und hätte auf den Rest der Welt verzichten können.»

Ivo ist vermutlich der «angefressenste» Spross der Rheinholzerfamilie Kühnis aus Oberriet. Es ist ihm denn auch ein echtes Anliegen, das diese alte Rheintaler Tradition am Leben bleibt. «Es wäre ‹sündundschade› drum», sagt er. Ivo Kühnis

Ivo Kühnis macht sich bereit für den nächsten Wurf.

Nach dem gelungenen Wurf beginnt der Wettlauf mit dem Wasser.

kommt viel an den Rhein. «Ich gehe fast jede Woche zwei- bis dreimal hinaus, auch wenn nichts zu tun ist», gibt er zu. «Der Fluss und die ganze Umgebung da draussen haben eine beruhigende und aufbauende Wirkung auf mich», führt Ivo Kühnis aus. Der richtige Ort um abzuschalten, sich von der Hektik des Alltags zu erholen und um auf andere Gedanken zu kommen.

Der Rhein kann aber auch ganz schön für wallendes Blut sorgen. Adrenalin pur. «Wenn Rhein-

holz kommt, dann ist von Abschalten nicht mehr die Rede. Dann wird der Fluss zum Ungeheuer, das gezähmt werden muss. So einer Wucht etwas zu entreissen, einen mächtigen Baumstamm, ist schon etwas Einzigartiges. Das Kribbeln im ganzen Körper kann man fast nicht beschreiben. Es ist wie Strom im Blut. Es ist einfach da, lässt einem alles andere rund herum plötzlich vergessen, und treibt vorwärts», beschreibt Ivo Kühnis. Sein Vater würde es vermutlich fast mit den gleichen Worten sagen.

Vielleicht auch zugeben, dass es wie eine Sucht ist. Das Rheinholzen. «Man will immer mehr und kriegt fast nicht genug.»

Auf Tuchfühlung gegangen

Zu den vielen Erlebnissen, die Ivo am Rhein gehabt hat, gehört auch das Hochwasser von 1987. Das sei schon fast zuviel des Guten gewesen. Holz ohne Ende. «Da habe ich zum ersten Mal gesehen, zu was der Rhein fähig ist. Welche Kraft der Fluss hat. Wie er grollen und sich aufbäumen kann. Ich habe es nie mehr vergessen.»

«Natürlich bin ich auch schon reingefallen. Aber es ist nie etwas passiert», spricht er eine andere Seite des Flusses an. Es scheint nur so, als ob er die Gefährlichkeit seines Hobbys herunterspielen wollte. Wie alle Rheinholzer spricht er nicht gerne davon. Von der Gefährlichkeit. Er tut lieber etwas dagegen. «Zum Beispiel für Ordnung an der Wuhr sorgen, das Gestrüpp, über das man fallen könnte, entfernen, die Löcher ausebnen, und das Gras mit dem Rasenmäher nieder halten.»

Das andere, sich selber Einhalt zu gebieten, wenn es genug ist, das sei Erziehungssache, betont Ivo und gibt damit den Ball seinem Vater, «Kobelis Päul», zurück. Wie er, ist auch Ivo Kühnis der Auffassung, dass vor allem beim Rheinholzen in der Nacht, die Gefahr für einen Unfall sehr gross ist. «Da ist doppelt Vorsicht geboten», rät er. Weil man nur ein paar Meter weit sehe und viel schwerer zu beurteilen sei, wieviel es leiden möge.

Der Albtraum

Ivos bisher grösster Fang ist eine 20 Meter lange Tanne. «Samt Stock», ergänzt er. Das ist nicht unbedeutend. «Stämme mit Stock sind viel schwerer zu handhaben und unberechenbarer», sagt Ivo Kühnis. Obwohl ihm damals sein Vater noch zugerufen habe, dass dieser Brocken zu gross und zu gefährlich sei, habe er ihn angeworfen. Und gut erwischt. «Ich brauchte aber eine Strecke von gegen 300 Metern, bis ich den Fang am Ufer hatte», erinnert er sich. «Nachher sind mir die Hände fast abgefallen, vor lauter Reissen und Halten.»

Selbstverständlich träumt auch Ivo ab und zu nicht nur von seiner Freundin, sondern auch vom Rheinholz. Da begegnet er seinem «20-Meter-

Rheinholzer warten oft stundenlang bis der Holzssegen beginnt.

Band», wie die Riesentanne im Fachjargon heisst, ab und zu wieder. «Ein schöner Traum», lacht er.

«Nicht zum Lachen ist hingegen, wenn ich träume, dass der Rhein Hochwasser hat und ich nicht hingehen kann». Da sei er manchmal schon mitten in der Nacht schweissgebadet aufgewacht. «Ein böser Albtraum, ein Albtraum, wie ich ihn niemandem wünschen möchte», sagt er.

Kuno Bont

Markus «Tschö»
Zellweger, Diepoldsau

Wenn der Vater mit dem Sohn

Dem Vater steht der Stolz auf seinen Sohn ins Gesicht geschrieben, als er den 12-jährigen Silas beim Werfen mit dem Wurfhaken beobachtet. «Er wird bei uns einmal die lange Familientradition der Rheinholzerei weiterführen», ist Markus Zellweger, von allen «Tschö» genannt, überzeugt. Schon wie der Bub den Haken hält, wie er das draussen vorbeifliessende Stück Holz anvisiert, in Position geht, und mit einem eleganten Wippen in den Knien den Haken schwungvoll nach draussen schleudert, das zeigt, wie berechtigt dieser Stolz ist. Silas ist ein Naturtalent. Sein Vater hat ihm das Rheinholzen beigebracht. «Von mir aus könnte der Rhein jeden Tag Hochwasser haben und Holz bringen», sagt Silas.

Der Zellweger Familien-Clan

Zellwegers wohnen auf der Rheininsel Diepoldsau. Sie sind Tag und Nacht vom Rhein umgeben. Auf der östlichen Seite vom alten Rhein und auf der Seite gegen Widnau, vom neuen, der mit dem Rheindurchstich seinerzeit entstanden ist. Ein solides Bauwerk. Das wird ersichtlich, wenn man, wie Zellwegers jetzt, bei der Messstation an der oberen Rheinbrücke steht und genauer hinsieht, wie die mächtigen Steinquader für den Damm ineinander geflochten worden sind.

Die Wuhr ist hier deutlich höher, als zum Beispiel zwischen Montlingen und Kriessern. «In diesen riesigen Dämmen hat der Rhein eine Unmenge Platz», erklärt Hansruedi Zellweger, der Onkel von «Tschö», die treibende Feder, wenn es im Familien-Clan der Zellwegers ums Rheinholzen geht. Er ist derjenige, der schon am längsten dabei ist, der unendlich viel über den Rhein weiss, der praktisch jeden Zwischenfall, mit Sicherheit aber jedes Hochwasser, genau kennt.

Beim letzten grossen Hochwasser, 1987, sei der Rhein so hoch gewesen, erzählt er, dass das Wasser die Fahrbahn der unteren, schwungvoll an Seilen aufgespannten Rheinbrücke zwischen Widnau und Diepoldsau, erreicht habe. Für jene, die es nicht glauben wollen, «Tschö» kramt aus seinem Rucksack einen Stapel alter Fotos hervor, auf denen das fragliche Hochwasser abgebildet ist. «Damals schwemmte der Rhein das Holz bis ins Vorland und wir konnten uns frei bedienen», erinnert er sich. «Schön wie Weihnachten. Ein Jahrhunderthochwasser.»

Tatsächlich, auf den inzwischen leicht vergilbten Fotos sieht man eine Unmenge von Holz mitten auf dem Feld abgebildet. Baumstämme, einzelnes Geäst, haufenweise «Migla», ein zerrissenes Gummibot, ein Stück Kühlschrank und noch vieles mehr, hat der ausser Rand und Band geratene Rhein damals angeschwemmt. «Zum Glück war da noch ein zweiter Damm», sagt «Tschö», gegen Balgach zeigend, wo sich nach dem saftig grünen Vorland, in etwa hundert Meter Entfernung, wuchtig und unüberwindbar der äussere Damm des Rheinbauwerkes erhebt.

Generation um Generation

Auch Silas kennt die Fotos. Er hat sie mit seinem Vater schon viele Male angeschaut. Er war damals, als dies geschah, noch nicht auf der Welt. «Schade», gibt er zu verstehen. «Da hätte ich gerne mitgeholzt», bedauert der Realschüler. Er ist inzwischen auch schon durch und durch Rheinholzer. «Die Zellwegers sind eine eingefleischte Rheinholzersippe», bestätigt Hansruedi Zellweger, den sie alle «den Schlosser» nennen. Er macht für den ganzen Familien-Clan die Werkzeuge und hat in seiner Werkstatt auch den etwas kleineren Wurfhaken für

Im steinigen Vorgrund ist es besonders anspruchsvoll den richtigen Platz zu finden.

Silas hergestellt. Das Besondere daran ist, dass auf einem der Zinggen sogar der Name «S. Zellweger» eingraviert ist. Das hat sonst niemand am Rhein. Natürlich hätten schon viele andere gerne solche Wurfhaken, sagt Hansruedi. «Die mach' ich nur für die Zellwegers», wehre er jeweils ab.

Nachdem er lange Jahre fast der einzige war, der in Diepoldsau noch zum Rheinholzen ging, sind die Zellwegers jetzt doch schon wieder einige, die sich bei Hochwasser immer an der gleichen

Stelle, direkt bei der oberen Diepoldsauer Rheinbrücke, zum Rheinholzen treffen. Als Diepoldsau-Schmitter Bürger stecke ihnen das Rheinholzen im Blut. «Jetzt, wo die Rheinbauleitung die Stauden im Vorgrund geschnitten hat, ist der Platz noch optimaler. Und wenn es einmal brenzlig werden würde, sind wir schnell die Metallstiege hoch, auf der Brücke, die praktisch immer wenn der Rhein Holz bringt als Aussichtsbalkon für die Zuschauer dient», erzählt Hansruedi Zellweger. Er, als Capo

der Zellweger-Rheinholzer, hat eine riesige Freude daran, dass jetzt schon der Sohn von «Tschö» beim Rheinholzen mit dabei ist. Hansruedi ist auch derjenige, der beinahe pingelig genau darauf schaut, dass Sicherheit und Ordnung an der Wuhr nicht zu kurz kommen. «Das ist wichtig hier draussen. Erst recht, wenn man bedenkt, dass da jeweils noch das Rheinholzerfieber dazu kommt und die Gefahr zu übertriebener Hektik gross ist», stellt er fest.

Hansruedi Zellwegers Erzählungen könnten Bände füllen. Kaum zu glauben, was hier draussen schon alles geschehen sei. «Und unvorstellbar die Berge an Holz, die wir hier schon herausgeholt haben», verkündet er stolz. Das sei nur möglich, wenn alle zusammenhalten und das Team so eingespielt sei, dass es keine langen Worte und Erklärungen brauche, stellt Hansruedi fest. «Irgendwie ist das Gen ‹Beute zu machen› tief in uns drin», meint er. Eine Erklärung, die es eigentlich nicht

Hansruedi Zellweger und sein Arsenal an Rheinholzerwerkzeug und Wurfgeräten.

Silas Zellweger wirft
schon erstaunlich weit
und sicher mit seinem
Wurfhaken.

braucht. Zellwegers Verwurzelung mit dem Ganzen wird schon augenfällig, wenn man ihnen
zusieht, wie sie sich am Rheindamm bewegen, wie
sie vom Rhein reden, das Hochwasser beschreiben,
und schliesslich den Wurfhaken in die Hand nehmen.

Hansruedi Zellweger ist aber nicht nur der
Gralshüter des Zellweger Rheinholzer-Clans, son-

dern auch ein begnadeter Tüftler und Erfinder. Um
das an ihrem Standplatz eher problematische He-
rausziehen der Beute besser und einfacher bewerk-
stelligen zu können, hat er aus einem alten Ein-
achser ein neuartiges, vierrädriges, rotes Fahrzeug
konstruiert, ähnlich einem Traktor, das hinten und
vorne mit einer Seilwinde ausgestattet ist. «Damit
ziehen wir jeden Brocken, und sei er noch so gross,

die Wuhr herauf in Sicherheit», garantiert er. Nicht genug. Später lässt er bei ihm zuhause einen Blick in sein absolutes Heiligtum gewähren. Die Waffenkammer des Zellweger-Clans. In einem länglichen Kellerraum seines Hauses hängen Unmengen an einsatzbereiten Wurfhaken, Stangen, Bisse, Hämmer und Werkzeuge, die fast alles Einzelanfertigungen sind. «Wenn der Rhein kommt, muss das Werkzeug griffbereit sein», ist seine Devise. Alles andere bringe nichts. Ein Grundsatz, den Hansruedi Zellweger den Jungen bei jeder sich bietenden Gelegenheit eintrichtert.

Dann zeigt er auf über 200 Drahtseile, die da ebenfalls an der Wand hängen. Bei jedem ist das Biss, welches jeweils beim Befestigen in das Holz getrieben wird, schon daran. Alles fix und fertig. «Er hat den grössten Scilvorrat im ganzen Tal», sagen die anderen Rheinholzer respektvoll. Wenn sie erst seine Geheimwaffen noch sähen, würden sie vor Neid erblassen.

Der Erfinder

Wie «Tschö» und Hansruedi Zellweger erklären, hat jeder Standplatz andere Voraussetzungen um an das Holz heranzukommen. «Besonders ärgerlich ist es, wenn die Klötze ausserhalb deiner Reichweite an dir vorbeiziehen», erklärt Hansruedi. Und er ist kein Mann, der gegen solche Unzulänglichkeiten nichts unternimmt. Das hat dazu geführt, dass er sich in seine Schlosserei zurückgezogen und begonnen hat, neue Wurfhaken zu konstruieren. «Solche, die man von der Brücke herunter auf die unten vorbeifliessenden Holzklötze fallen lassen kann und die dann, wie ein Fangeisen für Bären, zuschnappen. «Es ist klar, da muss dann die Zusammenarbeit zwischen dem, der die Klötze von der Brücke aus anwirft und denen, die die Beute an die Wuhr ziehen, optimal klappen.» Aber das würden sie schon meistern.

Das Prinzip, wie genau der Brückenhaken funktioniert, hängt er nicht an die grosse Glocke. «Wie gesagt, jeder muss sich das für ihn und seine Situation am besten geeignete Werkzeug selber machen», betont Hansruedi Zellweger. Ein Markenzeichen seiner Wurfhaken sind auch die messerscharfen Spitzen. «Die bohren sich so tief ins Holz ein, dass du keine Angst mehr haben musst, der Klotz könnte sich wieder lösen», beruhigt er

allfällige Zweifler. Selbstverständlich müssten diejenigen, die damit umgehen doppelt vorsichtig sein, damit sie sich nicht selber verletzten, warnt er.

Und noch einen andern Haken holt Hansruedi hervor. Hier springt auf Zug ein Greifarm aus dem Schaft. «Es ist wichtig, dass der Werfer seine Beute gut und fest ans Seil kriegt. Dieser Haken macht das noch einfacher», erklärt er und führt das System gleich vor. Unglaublich, was der Mann in seinen Geräten alles berücksichtigt hat.

Ein grosses Talent

Draussen an der Wuhr haben sich Silas und sein Vater «Tschö» für das Rheinholzen eingerichtet. Sie brauchen dafür nicht viel Zeit, jeder Handgriff sitzt und die Ordnung auf dem Platz wurde schon unzählige Male geprobt. Jedes Ding ist an seinem vorbestimmten Platz. Es gelten die üblichen Sicherheitsregeln, die unter den Rheinholzern von Generation zu Generation weitergegeben werden. Wenn «Tschö» und sein Sohn holzen, dann gilt noch eine zusätzliche Abmachung. «Silas muss jedesmal fragen, wenn er einen Klotz anwerfen will. Dann warten wir Grossen und helfen ihm den

Die Wurfhaken des Zellweger-Rheinholzer-Clans tragen alle den Namen des Besitzers.

Der Apfel fällt nicht weit vom Stamm.

Brocken ans Ufer zu ziehen.» Silas macht dies nichts aus. Er lernt gerne von den Erwachsenen. «Sie machen das ja schon lange und nicht wie ich erst seit ein paar Jahren», sagt er so verständnisvoll, dass man gar nicht glaubt, es mit einem Real-schüler zu tun zu haben. Sein Vater «Tschö» und auch Clan-Chef Hansruedi Zellweger sind stolz auf Silas. «Er ist ein grosses Talent», lobt Vater «Tschö» mit sichtlichem Stolz. «Er wirft verdammt schön», ist auch Hansruedi Zellweger begeistert. Er hat Silas von allem Anfang an beigebracht, er soll immer gut auf seinen Wurfhaken aufpassen. «Im reissenden Fluss ist er nur zu schnell weg». Bis jetzt haben die Zellwegers in all den Jahren erst einen Wurfhaken verloren. «Und das ist dumm gegan-gen», zieht Hansruedi Zellweger Bilanz. Andere Rheinholzerteams verlieren schier jedes Mal einen oder zwei Haken, weiss er aus sicherer Quelle.

Silas ist glücklich, wenn er auch dabei sein darf und merkt, dass die andern ihn auch fördern. «Manchmal lassen sie mir den Vorzug und loben mich dann begeistert, wenn ich mit meinem Wurf Erfolg habe», erzählt er. Der Rhein ist für ihn etwas ganz besonderes und er geht jedes Mal gerne hier-her.

Fischen so oder so

Dennoch hat Silas auch noch andere Hobbys. «Ich gehe gerne Fischen und trainiere zweimal in der Woche bei den Faustballern.» Diepoldsau ist eine Hochburg der Faustballer. Als Fischer braucht es etwas andere Sensoren als beim Rheinholzen, aber letztlich geht es auch hier darum, gehörig Beute zu machen. «Es ist halt eben schon schön, wenn man etwas fängt. Beim Fischen wie beim Rheinholzen», beschreibt Silas. Man müsse sich jeweils genau mit der Situation auseinandersetzen, sonst fange man weder Fische noch grosse Klötze im Rhein. Dann legt er höchst präzise das lange Seil an seinem Wurfhaken zusammen und macht sich für den nächsten Wurf bereit. Während sein Blick zum Wasser schweift, wird der Griff der kleinen Hand am Wurfhaken fester und die andere Hand mit dem sauber aufgerollten Seil hält nur noch lose. «Es ist wichtig, dass das Seil gut weg kann», führt der 12-Jährige fast wie ein Erwachsener ins Handwerk der Rheinholzere ein.

Wie die Grossen, weiss Silas auch genau Bescheid über seinen bislang grössten Erfolg beim Rheinholzen. «Es war eine beinahe sechs Meter lange Birke», lässt er wissen. Vor zwei Jahren. Damals war er zehn. Auch Hansruedi und «Tschö» erinnern sich gut an jenen Moment. «Er hat ihn tatsächlich tadellos angeworfen», weiss sein Vater. «So wie er es gelernt und immer wieder geübt hat». Und Hansruedi erinnert sich, dass Silas immer wieder auf seinen Fang hingewiesen hat. «Ena ha denn i värwüscht!»

Die Erwachsenen als Vorbilder

Silas grösster Wunsch? Er braucht nicht lange zu überlegen. «A so an guate Rhyholzer wära wia da Vater.» «Tschö» ist das grosse Vorbild für den Jungen. Erst recht, seit er im letzten Jahr einen Stamm herausgeholt hat, der stattliche 22 Meter und 80 Zentimeter gemessen hat. «Wir hatten alle eine riesige Freude», erinnert sich «Tschö». Vor allem Silas. Seither will er ihn übertreffen: «So ein 23-Meter-Brocken wäre schon schön», gibt er verschmitzt zu bedenken. Die Erwachsenen lachen. Möglich wirds sicher einmal. Wann, das ist auch eine Frage des Glücks. «Bei allem Können», das bestätigt Hansruedi Zellweger, der sicherlich erfahrenste Rheinholzer im Zellweger-Clan, «braucht es auch immer das nötige Quäntchen Glück». Alles andere könne man organisieren oder vorbereiten. Glück aber habe man, oder eben nicht.

Etwas zwiespältig ist sein Verhältnis zur heutigen Technisierung in der Rheinholzerei. Viele nehmen die Pegelanzeigen im Internet zur Hilfe. Hansruedi nicht. «Ich stehe lieber in einer Nacht vier- bis fünfmal auf, ziehe mich an und gehe an den Rhein um selber zu schauen, wie sich der Pegel

entwickelt», sagt er. Hansruedi traut in diesem Fall dem Althergebrachten besser als der Computertechnik. «Ist Hochwasser angekündigt, so ist es mit dem ruhigen Schlaf meist so oder so vorbei», erzählt der passionierte Rheinholzer. «Dann halten mich keine zehn Pferde im Bett», gibt er zu. «Und wenn ich dann das Rheinholz sehe, ist es, als würde es mich elektrisieren», beschreibt er.

Und ähnlich ist es bei «Tschö». Er spricht von einem Kribbeln im Blut. Und Silas? Spührt er das Kribbeln auch schon im Blut? «Es ist wie Sonntag, wenn der Rhein Holz bringt.» Damit ist alles gesagt.

Kuno Bont

Hier am Rhein ist Silas voll in seinem Element.

159

Werner Wolgensinger
und seine Freunde
machen sich an der
Wuhr in Vaduz bereit.

166

Am Tag als der Regen kam

Klirrend scheppert das alte Taschenradio durch die Karrosseriewerkstatt. «Hier die Wetterprognosen. Aussichten für Donnerstag: Heftige Regenfälle in Nord- und Mittelbünden. Schwere Gewitter über dem Vorarlberg und ergiebige Regenfälle auf der gesamten Alpennordseite. Achtung: Es ist an besonderen Lagen mit Murgängen und Hangrutschungen zu rechnen. Für Freitag ist keine Wetterbesserung in Aussicht.»

Keine besonders guten Wetteraussichten. Schon wieder Regen, dabei ist doch mitte Juni und es wäre eigentlich Sommer. Doch nicht alle sehen das so grau. Werner Wolgensinger, Lehrer in der Werdenberger Gemeinde Sevelen, beobachtet das Wetter schon seit einigen Tagen sehr aufmerksam. «Es ist abnehmender Mond, und dazu jetzt noch diese schlechten Aussichten, wer weiss, vielleicht kommt nun doch endlich das langersehnte Hochwasser.» Schon vor Wochen haben er und seine Lebenspartnerin Victoria eine Sonntagswanderung ins Gebiet Schraubach unternommen und dort festgestellt, dass im steilen Tobel seit dem letzten Sturm Unmengen Holz am Boden liegen. Ein gutes Zeichen für die Rheintaler Rheinholzer. Wenn der Schraubach plötzlich viel Wasser aufnehmen muss, schwemmt er alles über die Landquart in den Rhein. «Dann brauchen wir das Holz nur noch herauszuholen.»

Alle Antennen draussen

Nicht weniger gut sieht es für die Rheinholzer unterhalb der Ill aus. Das weiss Werner Wolgensinger von einem seiner Rheinholzerkollegen in Kriessern. Auch im Vorarlberg sind die Täler voll mit Windwurfholz. «Die Kriessner sind immer im Kontakt mit denen da drüben», kennt er die Verhältnisse. Der Austausch über die Grenzen hinweg sei sehr wichtig geworden. Die so zusammenkommenden Informationen könne man gut gebrauchen. Dann beginnt es an diesem Tag wie aus Kübeln zu giessen. «Fadegrad», beschreibt «Kobelis Päul». Der Regenfall dauert den ganzen Morgen an und im Bündnerland kommt es schon zu ersten Überschwemmungen. Auch die Landesgendarmerie in Vorarlberg berichtet von ergiebigen Niederschlägen und verhängt an zwei Stellen, wo ein über die Ufer tretender Bach die Strasse überflutet hat, ein Fahrverbot.

Die Anzeichen häufen sich

Jetzt werden die Rheinholzer hellhörig. «Wenn das so weitergeht, haben wir morgen Rheinholz», wissen die Eingefleischten unter ihnen. Das Buschtelefon beginnt zu läuten. Die Vorposten im Oberland, meist sind es gute Bekannte oder Familienangehörige, arbeiten zuverlässig und gut. Der Pegel im Rhein beginnt zu steigen. Das stellt auch Rolf Gächter in Rüthi fest, der an seinem Computer sitzt und nebst dem aktuellen Niederschlagsradar auch die aktuellen Pegelstände im Alpenrhein abrufen kann. Das Bundesamt hat seit ein paar Jahren die Wasserstandsmessungen am Rhein und vielen anderen Flüssen öffentlich zugänglich gemacht. «Ein Service Public, den wir sehr zu schätzen wissen», sagen die Rheinholzer. «Das erleichtert uns die richtige Einschätzung der Situation um einiges.»

Nicht alle können mit dem Computer und den digitalen Wetterprognosen etwas anfangen. Die alten Hasen unter den Rheinholzern verlassen sich lieber auf ihr eigenes Urteil, die jahrelange Erfahrung und ihre Geheimrezepte. Von denen gibt es einige. Die einen vertrauen auf den Mond, die andern auf den hundertjährigen Kalender und wieder andere auf die Wetterzeichen. «Die Muotataler Wetterschmecker sind dagegen die reinsten Weisenknaben», zeigen sie sich stolz auf ihr Fachwissen.

Nichts geht ohne «Kobelis Päul», den grossen Mann der Rheintaler Rheinholzerszene.

Hansruedi Zellweger verlässt in dieser Nacht in Diepoldsau viermal das Haus und fährt bei diesem Hudelwetter an die obere Rheinbrücke, um den Rhein zu beobachten. Er sieht natürlich gerne, dass das Wasser laufend steigt. «Die Aussichten sind gut», zeigt sich auch er optimistisch und macht sich schon mal auf das Gröbste gefasst. Schlafen kann er in dieser Situation so oder so nicht mehr.

Zellweger ist nicht der einzige, der in dieser Nacht wegen dem Rhein unterwegs ist. «Kobelis Päul» in Oberriet ist schon seit gestern überzeugt, dass der Rhein diesmal kommt. Er hat eine ganz besondere Nase für das Hochwasser. Um sein Werkzeug muss er sich nicht kümmern. Das hat er schon längst ins Auto gepackt und kann, wenn es dann so weit ist, nur noch abfahren. Auch seine Söhne und die Tochter Andrea, die auswärts woh-

nen, haben sich schon nach dem Rhein erkundigt. Sie können es vor lauter Ungeduld fast nicht mehr erwarten.

In Vaduz, zwei Stunden früher

Werner Wolgensinger und Victoria, die ihren Holzerplatz unweit des Rheinpark Stadions etwas ausserhalb von Vaduz haben, müssen zwei Stunden früher bereit sein. Auch sie haben ihr Werkzeug bereits auf den Veloanhänger aufgeladen und haben sich auf eine frühe Tagwacht eingestellt. Die restliche Mütze Schlaf, die sie nehmen, ist nicht mehr so tief, wie auch schon. Das bevorstehende Rheinholz lässt bei beiden das Blut in den Adern etwas schneller fliessen, der Puls schlägt höher als gewohnt und auch der Hund auf seinem Plätzchen merkt, dass sich etwas Aussergewöhnliches ab-

zeichnet. Er kennt den Weg an den Rhein bestens und zählt den Rheinholzerplatz von Werner Wolgensinger und Victoria zu seinem Revier. So knurrt er nur kurz und schläft dann weiter. Bis ihn sein Herrchen schon bald ruft.

Viele Wege führen an den Rhein

Auch in Kriessern, bei Eugen Baumgartner und seiner Familie stehen die Zeichen auf Aufbruch. Als es dann endlich soweit ist, formiert sich vor Baumgartners Haus ein richtiger kleiner Wagenzug. Wie sie ausfahren, wird es gerade hell und die verregnete Nacht weicht einem ebenso verregneten Tag. Der Bauwagen muss mit, den Traktor brauchen sie um das Holz sofort aus dem Wasser zu ziehen, und auch sonst ist es gut, wenn man am Rhein draussen mobil ist. Dann tuckert der Trak-

tor durchs Dorf, hinaus auf die Rheindammstrasse zu ihrem Standplatz an der Wuhr. Kaum angekommen, positionieren sie zuerst den Baustellenwagen und bringen dann den Brückenwagen von der alten Schollentrucke in Position. Er wird den Rheinholzern als Plattform für die Würfe dienen und die Distanz zum Treibholz verkürzen helfen. «So kommen wir auch noch an Klötze heran, die weiter draussen vorbeischwimmen», erklärt der älteste Sohn, ein ausgezeichneter Werfer.

In Diepoldsau haben sich die Zellwegers installiert. Der Tag beginnt. Es regnet noch immer. Bindfäden, wie «Tschö» sagt. Unter dem leicht vorspringenden Dach der Messstation bei der oberen Rheinbrücke, ihrem Stammplatz, haben sie ihr umfangreiches Materialdepot eingerichtet. Sie selber stehen im Regen. So ist das eben beim Rheinholzen. «Regen macht schliesslich schön.»

Ein erfolgreicher Fang beginnt mit der seriösen Vorbereitung auf dem Platz.

Eugen Baumgartner
wirft von einer
Ladebrücke aus.

Oben in Oberriet, gleich unterhalb des Zollamtes, hat sich «Kobelis Päul» mit seiner Familie installiert. Seine Frau Dora hat wie üblich eine Thermosflasche mit warmen Kaffee dabei und auch Würste und Brot sind im Proviant. Im Zentrum des Interesses steht die Verpflegung allerdings weit hinten. Jetzt geht es zuerst ums Rheinholz. «Eine wahre Pracht kommt von da oben», kommentiert «Kobelis Päul», als der anbrechende Tag endlich den Blick auf den wild gewordenen Fluss freigibt. Das Wasser hat mit Wasser eigentlich kaum mehr etwas zu tun, sondern kommt in diesem Fall viel mehr einer bräunlich-dunkelgrauen, schwer definierbaren Masse gleich. «An der Farbe des Wassers kann man ablesen, woher das Wasser kommt», erklärt «Kobelis Päul».

Etwas weiter unten, auch am gewohnten Ort, haben sich Stefan Strässle und seine Frau Andrea eingerichtet. Stefan legt die Anbindseile, die Anker, den Zabi und den Wurfhaken gesondert auf dem Vorgrund aus. Das Seil des Wurfhakens wird fein säuberlich auf dem Boden ausgelegt, so, dass Stefan sicher sein kann, dass es keine Knoten gibt, wenn er den Wurfhaken aufnimmt und mit Schwung nach einem lohnenden Brocken wirft.

«Kobelis Päul», der nun auch von seiner Tochter Andrea Verstärkung bekommt, kann sich an jedes Hochwasser hier am Rhein erinnern. Er weiss noch, wie er als Bub hier die ersten Baumstämme angeworfen und an Land gezogen hat, und wie ihn sein Vater mit den besonderen Geheimnissen der Rheinholzerei bekannt gemacht hat. Für ihn ist der heutige Tag so etwas wie ein Feiertag.

Zaungäste

Auf dem Brückengeländer des Büchler Zollamtes sind die ersten Zaungäste eingetroffen. Sie haben hier eine ausgezeichnete Aussicht auf die Rheinholzer, die bereits mitten in ihrer Arbeit sind. Nur wenige Augenblicke nachdem Rolf Gächter am Rhein eingetroffen ist, kommt auch sein Bruder Marino aus dem Werdenbergischen. Sie holzen seit Jahren gemeinsam. Auch sie beurteilen die Chancen für einen guten Fang als intakt. «Die Schwemmholzbrocken kommen schön nahe am Ufer», gibt Rolf Gächter kurz Auskunft. Dann gilt seine Aufmerksamkeit wieder ganz den daherschiessenden Baumstämmen im Rhein. Er visiert ein besonders

schönes und gesundes Stück an und wirft dann mit vollem Schwung.

Die andern im Team beobachten ihn und atmen hörbar auf, als der Wurfhaken genau an der richtigen Stelle über den anvisierten Baumstamm hinausschiesst und sich das Seil dann spannt, weil es Rolf gekonnt anzieht. «Der sitzt», spricht er mehr zu sich als zu andern. Volle Konzentration ist gefordert. Da bleibt keine Zeit um lange zu reden. Jetzt beginnt Rolf mit seinem Stamm am Haken auf der Dammstrasse zu rennen. Er zieht dabei kontinuierlich das 30 Meter lange Seil enger. Der schöne Stamm – alle sehen ihn schon in ihrem Besitz – kommt dem Ufer immer näher. Super, wie es läuft! Jetzt kommt auch Leben in die andern. Sie haben ihr Werkzeug griffbereit und rennen ebenfalls mit. Marino kann die Beute bereits mit dem langen Rheinhaken fassen. Jetzt dürfte eigentlich nichts mehr dazwischen kommen.

Wenn kein Fleckchen am Leib mehr trocken ist, schätzen auch Rheinholzer neue Kleidung sehr.

171

«Den haben wir!» – «Wenn das so weitergeht, dürfen wir zufrieden sein», stellt Marino eine Prognose, während der an Land gezogene Baumstamm bereits mit heftigen Hammerschlägen am Ufer befestigt wird. «Gut», lobt Rolf, nimmt seinen Wurfhaken wieder zur Hand und geht zum Ausgangsstandort zurück. Jetzt kommt ihm seine Sportlichkeit zugute. Er legt sofort Wurfhaken und Seil wieder bereit. Dann sucht er sich mit Kennerblick die nächste Beute.

Auch in Kriessern bevölkert sich die Wuhr immer mehr. Helfer trudeln ein, Zuschauer und Dorfbewohner. Im Rheindorf weiss inzwischen vermutlich jeder, dass die Rheinholzer wieder am Werk sind und dass der Rhein Holz bringt. «Das geht jeweils wie ein Lauffeuer durchs Dorf», weiss Eugen Baumgartner, der seinem Arbeitgeber auch mitteilen musste, dass er heute einen Freitag einzieht. «Mein Chef weiss, was mir das Rheinholzen bedeutet und lässt mich gewähren», erklärt er. Dann löst er einen seiner Buben ab, der eben mit einem heftigen Schwung nach einem etwa achtmetrigen Baumstamm geworfen hat und dann mit Riesengepolter vom Brückenwagen rennt um das Band, wie man einem so schönen Stück Holz im Fachjargon sagt, langsam ans Ufer zu ziehen. Der zweite Bub wirft einen weiteren Haken aufs gleiche Stück und trifft. So geht es leichter.

Die Alten machen es vor

Währenddessen ist Vater Eugen bereit zum Wurf. Die Distanz sei gerade so an der Limite, meint er. Er versucht es trotzdem – und trifft. Gekonnt ist gekonnt. Das orange Seil des Wurfhakens spannt sich mit einem zischenden Surren und dann donnert auch Eugen mit wuchtigen Schritten die behelfsmässige Brücke vom Wagen herunter. Als der Stamm fixiert ist, kommt schon der Traktor zum

Hochbetrieb an
der Wuhr zwischen
Montlingen und
Kriessern.

Einsatz. Mit ihm ist es ein Leichtes das Riesenteil auf die sichere Vorlandstrasse zu bringen. «Den nimmt er uns nicht mehr», freuen sich die Baumgartners.

Nicht weniger erfolgreich sind ein-, zweihundert Meter weiter gegen Süden, die Wüsts. Auch sie arbeiten mit einem ins Wasser gelassenen Brückenwagen. Die ganze Familie ist da. Es regnet noch immer, aber das merkt niemand. Gerade als sie ein schönes Stück Holz angebunden und mit dem Traktor aufs Festland gezogen haben, fährt ein Polizeiauto vor. «Was wollen die?», fragen sich nicht nur Wüsts, sondern auch die andern, die hier an der Wuhr ihrem feuchten Handwerk nachgehen. Dann die Entwarnung. «Reine Routine, eine Kontrollfahrt», stellt sich heraus. Das Rheinholzen kann weitergehen. Auch die Polizei weiss, wenn der Rhein Holz bringt, dann sind sämtliche Fahrverbote und Beschränkungen am Rhein draussen ausser Kraft gesetzt. Dann gelten die Gesetze der Tradition. «Das war schon immer so und wird auch immer so bleiben», geben die Rheinholzer den Tarif durch.

Fast wie bei einer Kilbi

Beim Oberrieter Zollamt nimmt die Zahl der Schaulustigen laufend zu. «Es sieht schon fast aus, als ob Kilbi wäre», kommentiert «Kobelis Päul» das Geschehen. Ihn stören die Leute nicht. Auch nicht die jetzt noch eintreffenden weiteren Rheinholzer. «Es hat genug für jeden. Jeder weiss, dass er am Platz des andern nichts verloren hat. Aber da unten ist alles frei», zeigt er weiter flussabwärts.

Zuschauer, die zu nahe herankommen, haben die Rheinholzer nicht so gerne. Wenn sie den Rheinholzern dann eventuell sogar noch auf die am Boden liegenden Seili trampen, kommt es manchmal zu wüsten Szenen. «Das schätzen wir gar nicht», sagt «Kobelis Päul», der deswegen gefürchtet wird. «Ja, es geht auch um die Sicherheit. Wir haben für uns genug zu schauen.» Nachdem seinem Sohn tatsächlich einer auf das Seil gestanden ist, gibt es gleich ein realistisches Beispiel, wie Rheinholzer auf so etwas reagieren.

Drei Stunden hält an diesem Tag der Holzsegen im Rhein an. Dann normalisiert sich der Pegelstand und das Schwemmholz geht deutlich zurück. Für die Rheinholzer an der Wuhr draussen

Zufriedene Gesichter nach einem anstrengenden Einsatz.

Fast das ganze Dorf ist am Rhein, wenn die Rheinholzer im Einsatz sind.

Rheinholzer dürfen
keine Angst vor dem
Wasser haben.

allerdings noch lange kein Grund, ihre Zelte abzubrechen. «Im Bündnerland regnet es noch immer», weiss Rolf Gächter. «Es ist auch schon mal vorgekommen, dass der Rhein nach einer kurzen Verschnaufpause nochmals zu einer Höchstform aufgelaufen ist», sagt auch Werner Wolgensinger, während er zufrieden die Reihe der angebundenen Stämme direkt vor seinen Füssen mustert. «Die warme Stube für den nächsten Winter ist gesichert», zieht er Bilanz, obwohl gegen Mittag die Holzstücke etwas weit draussen kamen. Eine Veränderung der Strömung, damit müsse man rechnen. «Wir mögen den Salezern, Rüthnern, Oberrietern und allen andern auch etwas gönnen», lacht Wolgensinger grosszügig.

Zufriedene Gesichter trifft man an diesem Morgen auch in Diepoldsau an. «Für die Zellwe-

gers ist es gut gelaufen», sagt Hansruedi, der Clan-Chef. Mit vereinten Kräften gelang es ihnen reiche Beute zu machen. «Es hat alles reibungslos geklappt», zieht er Bilanz. Dass sie nonstop im Regen gestanden haben, nahmen die Diepoldsauer kaum wahr. Auch «Sumähl» nicht, der mit seinen Freunden unweit des ehemaligen Fohlenhofes bei Montlingen nach Schwemmholz gefischt hat. Diesmal auch von einem Anhänger aus. Ob er dies das nächste Mal auch wieder tut, weiss er noch nicht. «Es war da oben ziemlich schlipfrig.»

Am Abend dann, die Rheinholzerei hat ein Ende gefunden, geht auch «Pädi» Goldiger zurück in den Rehag. Lässt sich ein warmes Bad einlaufen und fühlt sich wie eine Königin. «Es gibt nichts schöneres, als jetzt warm zu baden.»
Kuno Bont

Rheinholzersprache

a Migla
kleine, handliche Hölzer, welche nach der Trocknung direkt in den Ofen passen

a Miglanäascht
schwimmender Kleinholzteppich oder Ablagerung nach dem Hochwasserrückgang

a Müsala
1 – 2 Meter lange Holzstücke von mittlerer Dicke

an Brocka
dicker, kurzer, knorriger Stamm

an Sägklotz
aufgerüsteter Stamm mit stirnseitiger Nummer

a Band
über acht Meter langer, meist glatter Stamm

an u huara Band
über 15 Meter langer, meist glatter Stamm

a Tann
Nadelbaum mit Wurzel und Ästen

an Stock
dicke Wurzel

Pschütti
sehr dunkles, erdiges Rheinwasser

Lätta
abgelagerter Geschiebesand

Herzlichen Dank

Die Herausgabe dieses Buches wurde ermöglicht dank der grosszügigen Unterstützung durch:

Kulturförderung des Kantons St. Gallen
Swisslos
Südkultur
Rheintaler Kulturstiftung
Kulturstiftung Liechtenstein
Arnold Billwiller Stiftung
Karl Mayer Stiftung
Alexander Schmidheiny Stiftung
Dr. Gregor Steger Stiftung
Bänziger Partner AG
Josef Jansen-Stiftung
Stiftung Fürstl. Kommerzienrat Guido Feger
Rheintal Alpha Bank

Autorinnen und Autoren

Kuno Bont (1952) ist Autor, Filmemacher und Regisseur. Er war lange Zeit in der Politik tätig, später Gemeindammann von Rüthi und bevor er sich selbstständig machte, Chefredaktor beim «Werdenberger & Obertoggenburger» in Buchs. Für seinen ersten Film erhielt er 2002 den Ostschweizer Radio- und Fernsehpreis. Schriftstellerische Tätigkeit: «Das Deckelbad» (Theaterstück), «Eiszeit» (Theaterstück), «Der Sutterhandel» (Theaterstück), «Das Franzosengrab» (Theaterstück), «Die Auswanderer» (Theaterstück). Herausgeber von «LandArte» (Benteliverlag) und «Zeitungsbilder» (Tukan Verlag).

Jolanda Spirig (1953) lebt und arbeitet in Marbach. Sie bildete sich in Zürich zur Übersetzerin aus. 1995 erschien ihre erste Biografie: «Fani. Ein Dienstmädchenleben» (eFeF-Verlag). Neben der Redaktionsarbeit entstand «Kaffee mit Muttermilch. Erinnerungen der Krankenschwester Rosa Leuppi» (Chronos-Verlag 1998). Dann gründete sie die Kommunikationsagentur spirig zünd medienarbeit. Weitere Bücher: «Von Bubenhosen und Bildungsgutscheinen» (Appenzeller Verlag 2004) und «Widerspenstig. Zur Sterilisation gedrängt: Die Geschichte eines Pflegekindes» (Chronos Verlag, 2006). www.medienarbeit.ch

Andrea Kobler-Kobelt (1973) lebt und arbeitet in Marbach. Sie ist ausgebildete Typografin und Journalistin. Später führte sie die Sportredaktion des «Rheintalers» und schloss paralell dazu die Diplomausbildung Journalismus ab. Ihre spätere Tätigkeit beim Vaduzer Medienhaus öffnete ihr den Weg in den internationalen Sportjournalismus. Als Mitautorin erarbeitete sie die Bücher «PHONAK – Grün-gelbe Passion auf zwei Rädern» und «75 x Fussball» zum 75-Jahr-Jubiläum des Liechtensteiner Fussballverbandes. Nach langjähriger Erfahrung auf Redaktionen und Agenturen ist sie seit Juli 2010 selbständig.

Chantale Küng (1983) wohnt in Grabs/Zürich. Sie studierte Ethnologie und Medienwissenschaften in Bern und arbeitete nebenbei für die Regionalzeitung «Werdenberger & Obertoggenburger» und die Sonntagszeitung «Liewo». Aus ihrer Lizentiatsarbeit «Was guckst du?!» entwickelte sich das Projekt Secondo-Media – ein Medienwettbewerb für junge Secondos. Seit dem Studienabschluss arbeitet Chantale Küng in der aufsuchtenden Jugendarbeit der Stadt Zürich. Im Vordergrund ihres Schreibens stehen weiterhin (Alltags-)Geschichten von Menschen.

Werner Wolgensinger (1957) ist gebürtiger Oberrieter, lebt und arbeitet in Sevelen, wo er an der örtlichen Schule als Lehrer tätig ist. Selber aktiver Rheinholzer, kennt er die Tradition des Rheinholzens bestens. Die Verbundenheit mit der Natur und der rücksichtsvolle Umgang mit der Umwelt sind für ihn nicht nur Schlagworte, sondern prägen sein Leben mit allen Konsequenzen, die sich daraus ergeben. Werner Wolgensinger hat das Rheinholzerhandwerk von seinem Vater erlernt und ist ein versierter Wetterbeobachter. Seine Wetteraufzeichnungen umfassen viele Jahre und sind lückenlos.

Marco Nescher (1954) ist Fotograf aus Leidenschaft. Ihn faszinieren nicht nur ferne Länder sondern vor allem auch die nähere Umgebung. Bilder von ihm wurden in verschiedenen Büchern, Kalendern und auf Briefmarken veröffentlicht. Als längjähriges Mitglied des Fotoclub Spektral und der Liechtensteinischen Gesellschaft für Photographie hat er an zahlreichen Gemeinschaftsausstellungen teilgenommen. Seine berufliche Laufbahn hat Marco Nescher im Familienunternehmen, der Druckerei Gutenberg AG in Schaan, absolviert und revitalisierte 2003 den Alpenland Verlag.

Bildnachweis

Marco Nescher: Titelbild, 44, 50, 64, 66 o. m., 70 r., 88, 102, 104, 106, 108, 109, 132, 142, 166, 180
Staatsarchiv Kanton St. Gallen: 24, 26, 27, 28
Künis Paul: 29 r.u., 29 r.o.
Kuno Bont: Alle weiteren Fotos

Der Film

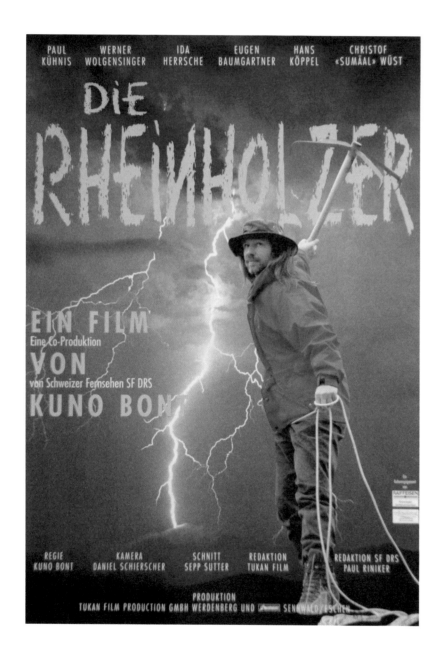

Der Dokumentarfilm «Die Rheinholzer» (ausgezeichnet mit dem
Ostschweizer Radio- und Fernsehpreis) ist unter www.tukanfilm.ch
auf DVD erhältlich.